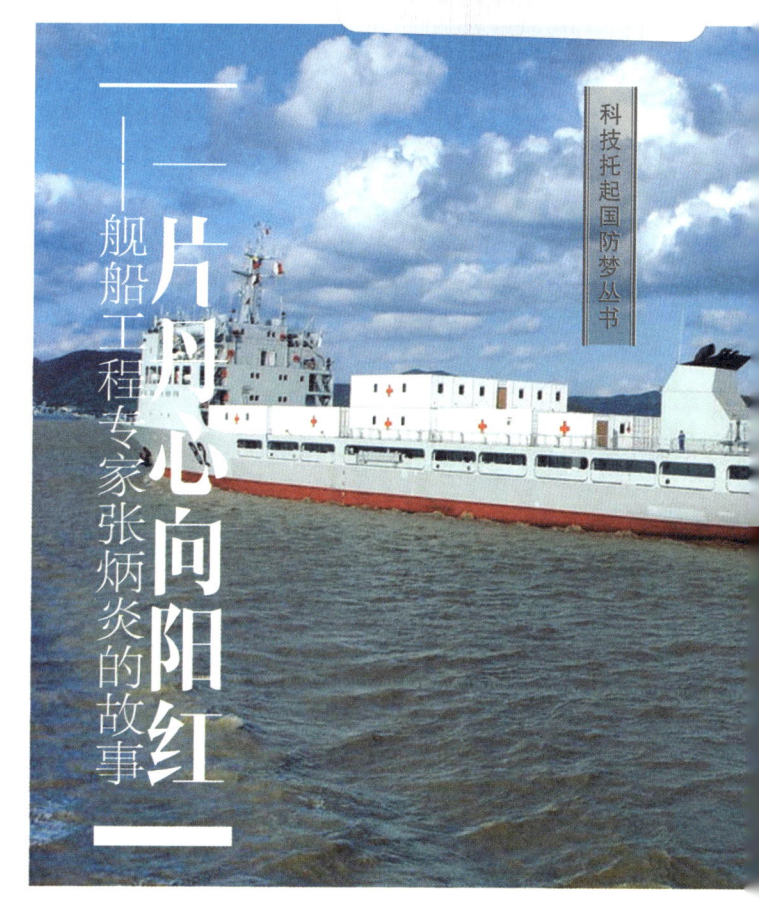

科技托起国防梦丛书

一片丹心向阳红
——舰船工程专家张炳炎的故事

张 毅 著

科学普及出版社
·北 京·

图书在版编目（CIP）数据

一片丹心向阳红——舰船工程专家张炳炎的故事 / 张毅著 . —北京：科学普及出版社，2017.1

（科技托起国防梦丛书）

ISBN 978-7-110-09480-8

Ⅰ. ①一… Ⅱ. ①张… Ⅲ. ①张炳炎（1934—2012）—生平事迹—通俗读物 Ⅳ. ① K826.16-49

中国版本图书馆 CIP 数据核字 (2017) 第 006258 号

策划编辑	许 慧 韩 颖
责任编辑	韩 颖
装帧设计	中文天地
责任校对	刘洪岩
责任印制	张建农

出版发行	科学普及出版社
地 址	北京市海淀区中关村南大街16号
邮 编	100081
发行电话	010-62173865
传 真	010-62179148
网 址	http://www.cspbooks.com.cn

开 本	787mm×1092mm 1/16
字 数	80千字
印 张	5
版 次	2017年5月第1版
印 次	2017年5月第1次印刷
印 刷	鸿博昊天科技有限公司
书 号	ISBN 978-7-110-09480-8 / K·149
定 价	28.00元

（凡购买本社图书，如有缺页、倒页、脱页者，本社发行部负责调换）

科技托起国防梦丛书
科学顾问

林仁华　郑　晖　石顺科　张秀智
俞启宜　黄东冬　石　磊　田小川

编委会

朱明远　石　磊　田小川　张杰伟
张　毅　许　慧　李　红　韩　颖

导　言

　　船舶是先进科技的产物，更是先进科技的缩影。船舶研究设计既包括船型、开发研究、船舶水动力理论设计研究、结构的有限元计算分析等理论的应用研究，又包括机—桨匹配研究、总布置优化、设备选型研究、系统协调研究，同时还包括先进工艺、模块化生产等生产过程的优化研究。因此，船舶研究设计与其他制造业研究设计相比，技术含量和广度特征更明显。

　　张炳炎是我国舰船研究设计专家。1934年10月出生于山东省庆云县，1960年毕业于苏联列宁格勒造船学院船舶设计制造专业。从事舰船研究设计50余年，是中国海洋调查船研究设计领域的专家，由他主持和参与研究的舰船有50余型，作为总设计师主持设计建造的多型舰船很多为国内首次自主研发，曾荣获国家科技进步奖特等奖、国家省部级其他奖励共30余项，为中国舰船和海洋事业的发展做出了杰出贡献。

　　张炳炎不但是一位优秀的船舶设计专家，还是一位心系教育事业、甘于奉献的典范。他说："国无德不兴，人无德不立。经济发展离不开教育，离不开人才的培养，人才更重要的是德才，应该从娃娃开始狠抓思想品德教育"。他先后向母校重庆第一中学、家乡明德小学捐资，并在重庆一中和庆云县设立了"张炳炎院士科学发明奖励基金和青少年品德教育基金"。

　　张炳炎为教育事业共捐款人民币40万元，这对收入并不是很高、生活也不是很富裕的他来说实属不易，而且他对自己的捐助行为极为低调，从不张扬。

　　愿读者通过本书，共同感受张炳炎的爱国情怀和学者风范，感受他不畏艰难的非凡勇气、勇于创新、战胜困难的坚定信念，成为广大青少年在学习和实现中华民族伟大复兴的"中国梦"征途上的榜样。

目录 CONTENTS

1. 我的理想是造船   1 ~ 14
2. 像这样的船世界上有几艘   15 ~ 24
3. 向极地科考挺进   25 ~ 32
4. 劈波斩浪的利剑   33 ~ 42
5. 新型海洋物探船   43 ~ 50
6. 大洋上的移动试验室   51 ~ 56
7. 大洋上的"千里眼""顺风耳"   57 ~ 60
8. 平战结合的国防动员船   61 ~ 65

后　　记   66 ~ 69

参考文献   70 ~ 71

1

我的理想是造船

- 小游击队员
- 跟着母亲学文化
- 我的理想是造船
- 留学苏联
- 赴法建造"耀华"号

一片丹心向阳红
——舰船工程专家张炳炎的故事

小游击队员

1934年10月14日张炳炎出生于山东省庆云县板营镇孟家村。

庆云县北靠北京、天津，是连接华南、华北、东北和北京、天津的重要交通枢纽，素有进京门户、山东北大门和德州"桥头堡"之称。历来是兵家必争之地，也是津南地区党的革命活动较早的县份之一。

张炳炎父亲张清源1929年师范毕业，1937年4月加入中国共产党，成为庆云县的早期共产党党员之一。张炳炎的母亲袁香斋受丈夫影响，在参加抗日训练班之后，也投入抗日活动，当时只有4、5岁的张炳炎跟随母亲，当起了小游击队员。

1939年，日军第二次攻占庆云县，对抗日根据地进行更加频繁、疯狂的大扫荡。为保存自己、战胜敌人，抗日军民在家中、田野、树林、井筒挖筑各种各样的地道、地洞。白天躲避敌人扫荡，夜间开展活动。在抗日战争最艰苦的岁月，母亲带着张炳炎与游击队员一起在夏季的白天躲进青纱帐，头顶蓝天，脚踩黄土，晚间露宿在田野。高粱、玉米的叶子像一把把锋利的刀子，割破脸、划伤两臂是常有的事。一到晚上蚊叮虫咬，让人一刻不得安宁。秋冬季节钻进黑暗、潮湿的地洞，睡的是麦草，点的是油灯，洞内空气稀薄，不一会儿油灯灭了，就得脱下衣服晃动，等空气流通再点上。年小体弱的张炳炎浑身长满疥疮，痛痒难忍，呛人的油灯耗着洞内的氧气，使人胸闷气急，加上尿盆、水罐、粮食刺鼻的气味，实在让人难熬，只能到洞口喘喘气。如此恶劣的环境，不要说对一个幼小的顽童，就是对一个成年人，都是无法想象的折磨。他多么想走出地洞，体验太阳是否还是那么温暖地照耀着大地，让阳光晒灭身上的疮毒；多么想看看树上的叶子是否还绿着，多么想听听枝头麻雀的鸣叫，多么想到田野里跑跑跳跳，多么想对着晴朗的天空呐喊几声。这些对于一个年幼的孩子真是再低不过的要求，可对当时处于特殊环境下的张炳炎而言，都是无法实现的奢望。

游击队里有个通信员，是一位来自北平的年轻女学生，张炳炎称她为姐姐，也是他最好的朋友。为躲避日军扫荡搜捕，张炳炎的妈妈带着这位姐姐和他在地道里一待就是一个多月。一天姐姐要求去河边洗洗脸，虽然张炳炎的妈妈不让她去，但她还是去了。过了好长时间，姐姐没有回来，妈妈和张炳炎又心急火燎地等了两天，可姐姐还是没有回来。妈妈心情沉重地对张炳炎说，姐姐肯定出事了。等到第三天，进村扫荡的日军离开时，张炳炎的妈妈和乡亲们在河边找到了姐姐的尸体，看到姐姐身上被日军射杀的弹孔，张炳炎咬紧牙关强忍眼泪。战乱中，张炳炎也见过不少鲜活生命的逝去，但这次与他朝夕相处的姐姐的牺牲，极大地震撼了他，给他留下了永久无法愈合的创伤，使他小小年纪开始懂得什么是仇恨，盼望爸爸在前方打胜仗，早日把日本鬼子赶出中国。

张炳炎的妈妈对独生儿子从不娇惯，带着他跟随游击队转战。行军时，张炳炎只能自己走，常常遇到一天行军走了很多路刚刚住下，发现敌情又得转移。有次跑了一天，人困马乏，到深夜刚睡下，突然枪声四起，张炳炎被大人从被窝里拖起来就跑，迷迷糊糊中听叔叔们说："不要出声，鬼子又来扫荡了"。叔叔拉着他好不容易冲出了日军的包围圈，却发现妈妈不见了，他在一片漆黑的高粱地里压抑着哭声忐忑不安地等待妈妈的消息，一夜没有合眼。直到天亮，才看到叔叔赶着一辆马车，拉着正在发高烧的妈妈。张炳炎一头扑在妈妈的怀里，紧紧地抱着妈妈，生怕妈妈再离开他。原来日军扫荡时，有人匆忙将身体不适的妈妈扶上一辆缴获不久的日本鬼子的马车，过公路时，这匹马识途就按熟悉的路线将马车拉向日军的炮楼，幸好发现得早，否则后果不堪设想。

张炳炎6、7岁时，尽管年龄很小，但已是妈妈抗日活动的好帮手，每逢妈妈开会活动，他自然就是小哨兵。一天上午妈妈在开会，他同妈妈的通信员坐在停放在村头的一辆大车上站岗放哨，突然看到远处有一个人从东向西奔跑，边跑边喊"鬼子来了"！通信员一时还没有缓过神来，张炳炎赶紧叫她回去报信。开会的人急忙奔出房院，向村后一片小树林跑去，张炳炎和母亲跑得慢，刚跑到村头苇子湾水沟处，见前面的人被围，水沟旁有条小岔道，母子俩便越过水沟爬上小坡。这时，遇到一个从湾边小路跑过来的汉奸，他看到张炳炎的母亲挽着一个破篮子挽着小孩，没有特别注意，母子俩

我的理想是造船 3

趁机赶紧躲进了路边的瓜棚。张炳炎帮母亲把随身携带的文件藏进瓜棚的洞里，把平时玩的子弹壳丢到水井里，等了好一阵儿，见没什么动静，才走出瓜棚安全返回。

　　游击队新来的叔叔阿姨看到还不满十岁的张炳炎整天跟着游击队行军、站岗、放哨，都会问他是谁？这时的张炳炎会自豪地告诉人家："我叫张炳炎，我爹是八路军，在前方打仗，我娘是区妇救会长，我也要打日本鬼子。"残酷的战争使张炳炎幼年就感受到什么是饥饿、危险和死亡，也练就了他刚毅、顽强、不惧艰险的性格。

　　艰苦的生活，也未能磨灭他那颗对万物好奇的童心。他把弹壳后帽撬开，将火柴头上的火药放进弹壳，穿进一根细铁丝，轻轻一拉就会发出颇像枪声的响声，自得其乐。游击队员们的枪支是他拆装的器械。一天，战士们用缴获的美国火箭弹练习打靶，将两颗没打响的臭弹随手扔进一口枯井，这让站在远处默默看了许久的张炳炎逮了个正着。他趁叔叔们离去，来到井边，用系着活扣的绳子捞出其中一颗，对弹药一窍不通的他根本没想到未爆炸的炮弹会给自己造成生命危险。他来到一块空地，偷偷开始了他有生以来的第一次"科研"。正当他饶有兴趣、聚精会神拆解时，碰到了引爆部位，只听得"轰"的一声，一团黄烟腾空而起，幸好弹头被他事先拆下来，有惊无险，否则这个世界就不会有张炳炎这位舰船设计专家了。当大人们被爆炸声惊动、急忙赶来救护时，他却十分得意地向大人们报告他的"科研"成果："我告诉你们，炮弹壳里的火药是靠引火帽引爆的。"

跟着母亲学文化

张炳炎母亲袁香斋同张炳炎父亲同在一个村，在村里姓袁的是少数。由于家族势力的影响，姓袁的人家经常遭到多数姓人家的欺负，袁家兄妹二人由于家庭贫困均无法读书，但袁香斋向往学习，羡慕能像有钱家的孩子一样到校读书。与张清源结婚后，她非常敬佩自己的丈夫有文化、能教书，她让丈夫晚上教她识字，天长日久，她也成了当时妇女中能识字的人。张清源随部队离开家乡后，培育孩子的重担就落到她一人身上。

1940年，张炳炎到了上小学的年龄，可是处于战争年代，整天跟着担任区妇救会长的母亲东奔西跑，安定地读书已无可能。深知学习文化对孩子比什么都重要的母亲，尽管自己文化水平不高，但在那个年代里，自然成了张炳炎学习的启蒙老师。她不管工作多紧张、环境多么恶劣，总是抽时间找机会教张炳炎识字，极具天赋的张炳炎靠这种原始简陋的方法学了不少字。条件稍有好转，张炳炎的妈妈就送他到小学读

1949年张炳炎在渤海子弟学校

一片丹心向阳红
——舰船工程专家张炳炎的故事

书，但总是上几天课就得换一所学校。根据地的小学没有教学大纲，甚至连课本都没有，学生入学时，自己报年级跟班上课。张炳炎不愿按部就班一年一年学下去，总想多学一些新知识，所以每到一所学校，只要上课的内容稍有重复，他就跳级，虽然如此，他凭借天资聪颖和勤奋，学习成绩倒还不错。

张炳炎时常与同事们说，对他一生影响最大的是母亲。母亲不仅给了他生命，而且在那恶劣的战争年代，是母亲只身带着他过着流离失所、饥寒交迫的日子，但从没听母亲说过苦和累。母亲吃苦耐劳、不怕困难、勇敢顽强、忠于革命事业的品质，溶入他的血液之中。特别是看到妈妈出生于贫苦农民家庭，没有正规上过一天学，全靠听人家宣传革命的道理，渐渐感到自己没有文化很难做事。平时只要遇到有文化的人，哪怕只有一点点时间，也向人家请教，全凭刻苦勤奋过了文化关。妈妈这种为工作而学、学有所获、学以致用的精神和方法深深感染了张炳炎，他暗下决心，要以妈妈为榜样，学有所成。

后来张炳炎在致庆云县县委书记吴官正的信中说：

我刚刚荣获第二届中国工程科学技术奖，奖金15万，我打算将此奖金全部捐赠给我母亲袁香斋的家乡庆云县西张村的农村教育事业，希望有更多的农村妇女能像我母亲那样支持自己的儿女求学上进……我小时候跟着母亲，在当时抗战的艰苦条件下，她不但要进行繁重的抗日活动，还要照顾我和我的祖父母，而且不管她的工作多么紧张和环境多么恶劣，她总抽时间教我识字，想办法让我上学。二野进军大西南后，我们从河南到了重庆，在当时面临参加工作还是继续上学的两种选择的关键时刻，她坚决支持我走了继续求学的道路，这可以说对我的发展方向起了决定性的作用。我今天之所以能够有这样的成就和荣誉，除了党的培养之外，同我母亲一贯关心支持我的学习是分不开的，特别是在关键时刻做出了具有远见卓识的决定。从这一点来讲，如果现在的农村妇女能效仿我母亲的做法，认真关心支持儿女学习，无疑对农村的教育将是一个很大的促进！

我的理想是造船

新中国成立后，张炳炎先是在郑州上过两个月初中，后来父母调到云南，他只身留在重庆。1950—1952年在重庆第二中学读初中，1952—1954年在重庆第一中学读高中。

在重庆这座著名的山城，张炳炎没有家、没有亲戚、没有朋友，但他一刻也没有忘记父辈的嘱托，时时提醒自己要好好念书，要成为一个有真才实学、对国家建设有用的人。只要一有空闲，他就走出校门逛书店，直到把口袋里的钱全部买书花光为止。在校园里，同学们时常可以看到他手捧书本专心阅读，但他看的书大部分不是学校里的教科书，而是包罗万象的课外读物。

张炳炎青年时期就有自己的思想和主见，独立、自信、不固守条框。高中毕业前夕，他就盘算着自己将来学什么专业、从事什么行当，为此，他跑进书店寻找科普读物。他本来选择的是飞机制造，他当时在书店里找到了一本介绍苏联雅克型飞机设计师的小册子，读后对飞机产生了浓厚兴趣，认为飞机是世界上最先进的东西，于是搜集了一些有关飞机制造的书，购买了一些制作飞机模型的材料和工具制作简易飞机。1953年暑假，张炳炎随父母回山东庆云老家探亲，回程要在湖北武汉乘船到重庆，可在武汉等了一个多星期，仍未买到由武汉开往重庆的船票。负责行程的同志告诉他们，由于武汉到重庆地处长江上游，河道狭窄弯曲，河床落差大，江水流速快，要求船舶动力强劲、操纵性好，当时在用的客轮大多是新中国成立前从国外买来的，所以船少班期长，船票特别紧张，即使再快也还得再等几天才能有船。这件事对张炳炎触动很大，使他联想到中国百年来的屈

一片丹心向阳红
——舰船工程专家张炳炎的故事

辱史，帝国主义就是仗着他们的坚船利炮入侵中国，于是他改变了学飞机制造的初衷，立志造船。

他在一篇题为《我的理想》的作文中写道："将来，我造的轮船和军舰要乘风破浪航行在广阔无垠的海洋上，周游全世界"。后来他去苏联留学时，按规定可自由选择三个不同的专业，但张炳炎未多加思索，也没找父母商量，毫不犹豫地选择第一志愿是造船，第二志愿是造船，第三志愿还是造船。

留学苏联

1950年,《中苏友好同盟互助条约》签订,国内迅速掀起全面学习苏联的高潮。在此背景下,中国希望借助苏联先进的科技、教育等方面的优势,培养出我国自己的科学技术人才队伍。于是,作为科学教育发展十年规划的一部分,中央决定大规模向苏联和东欧各社会主义国家派遣留学生,又在北京俄文专修学校内部筹建留苏预备部。留苏预备部也就成为那个时代青年学子梦想起飞的地方,就此拉开新中国第一次留学高潮的大幕。此后,一批批留苏学子源源不断地走出了国门。

1952年3月,留苏预备部开始第一次招生,凡是要到苏联留学的人都必须在这里接受俄语培训并经过多次审查筛选和考核。

1954年在中国素有火炉之称的山城重庆,酷热的夏夜,20岁的张炳炎手里捧着北京俄语留苏预备部

张炳炎在苏联留学

我的理想是造船

的录取通知书激动不已。当晚他失眠了，想到将要到苏联这个社会主义国家去留学、去实现自己的梦想，他久久不能入睡。

在留苏预备部，男生住的是一个偌大的房间，里面没有桌椅，摆满上下两层的硬板床，百十号人挤在一起。吃饭没有固定的地点，学校在伙房边用帆布支起一个大棚，学生们用饭盒打了饭菜后就在棚下或蹲或立"解决战斗"。校内没有操场，锻炼身体只能出校门沿着古老的城墙在狭窄的街巷里跑上一圈。

由于没有足够的教室，为加紧培训，课时安排紧而有序，上课实行二班制，一部分学生早上8点至下午2点上课，另一部分学生下午2点到晚上8点上课。教室离宿舍相隔约一千米，学生们夹着书本成群结队往来穿行。

授课教师有的是刚毕业不久的学生，谈不上什么教学经验，但却要在最短的时间内使学员们掌握尽可能多的俄语知识，他们白天讲课、晚上备课，采取填鸭式教学，辛苦和紧张不亚于学员。

张炳炎同其他绝大多数学生一样，一点儿俄语基础都没有，需要从头学起。起初别说俄语发言，满口山东腔的他连说普通话都有困难，可他越是遇到困难、越是有压力的事越来劲。他买来一面小镜子，每天早上起来对着镜子练口形，半个月硬是闯过了俄语发音关。他怀揣俄汉词典和俄语单词小卡片，一有空闲就看看背背，一年下来达到了培训的基本要求，变得"不聋""不哑""不瞎"，初步具备了俄语会话能力。

1955年9月，承载强国之梦的张炳炎登上了由北京开往莫斯科的列车，前往列宁格勒造船学院，踏上了实现造船梦想的征程。列宁格勒造船学院创建于1902年（1992年列宁格勒市更名为圣彼得堡市，列宁格勒造船学院随之改为国立圣彼得堡海洋技术大学），所在的列宁格勒市是仅次于莫斯科的苏联第二大工业中心，是苏联重要的科技文化中心之一，是重要的海港和造船基地。列宁格勒造船学院因培养出一批又一批的世界级舰船设计制造专家，对苏联海军舰队的壮大及航海科学

列宁格勒造船学院

的发展贡献卓著而闻名世界。

中国留学生在当时的苏联院校里几乎成为优秀的代名词,这些黑头发、黄皮肤的青年人成为苏联教授们的宠儿,很多苏联老师都为拥有中国弟子为荣。在课堂上,最复杂的问题总是让中国学生解答,而中国学生的反应则成为老师衡量教学效果的标尺。张炳炎把留苏当作政治任务,在留学的几年里,他无暇到风光旖旎的热瓦河畔散步,对雄伟壮丽的古城堡也只是匆匆而过。学习是紧张而愉快的,每天早上八点开始上课,除了中午一小时午休,一直延续到下午四点半都是在教室里。张炳炎和苏联的学生一起听课,第一学期听课非常吃力,许多不懂的地方完全靠课后一遍遍地看书才明白,偌大的校园宁静而优美,茸茸的草坪、翠绿的树林里从来不见他的身影,只有图书馆、阅览室才是他经常光顾的地方。张炳炎节假日也在学习,有时他也将节省下来的钱用于买书。留学期间他买了不少书籍,对学习和后来的工作发挥了重要作用。

1960年6月,由于当时中苏关系恶化,国内又急需技术人才,张炳炎提前半年从列宁格勒造船学院结束学习回国。当他登上列车,穿越乌拉尔山脉、驰过西伯利亚大平原,踏上别离5年的故土时,年轻的张炳炎热泪盈眶。

1959年张炳炎在俄罗斯劳动锻炼

我的理想是造船

赴法建造"耀华"号

从苏联留学回国后，张炳炎被分配到当时第三机械工业部九局上海船舶产品设计处工作，开始了他的船舶设计生涯。刚参加工作，领导让他收集资料、参与扫雷舰设计的编写，他没有因为自己是留学生而清高，而是虚心踏实地完成了领导交给他的工作，得到了领导和同志们的好评。

1962年，张炳炎受命主办浅水布缆船方案设计。布缆船主要为江河湖海布设水底电缆，包括维修水底电缆的工程船舶。布缆船的任务一是调查作业，如水深测量、水温测量、海潮流测量、海底地层、地貌、地质取样等，二是敷设作业、埋放作业以及维修作业等。在工作中，他亲自上船参加布缆作业，增加对布缆船作业的直观认识，系统运用所学的设计原理，解决布缆船总体设计的难点。

1964年张炳炎被调到交通大学国防科委英语干部训练班进行一年的基础英语脱产学习，这是为去法国监造船舶所做的准备。1965年10月至1967年9月的两年时间里，张炳炎作为中国远洋运输公司的代表驻法国大西洋船厂担任远洋客船"耀华"号的监造师，分管总体性能、船体结构、舾装设备、船舶管系和空调通风等船体部分，从施工设计阶段的审查图纸、参加船模试验、核算结构强度、修改舱室布置、挑选家具和美术装饰品、选用材料和设备、处理船体部分的来往公文以及与船方谈判等，到开工后的现场检查、验收以及系泊试验、验收和试验交船等，他都全心投入，从不懈怠。

他深知通过这次千载难逢的监造机会，一定能收集、积累宝贵的国外造船资料，这是一次见识世界造船水平的极佳机会。按照合同规定，在船舶设计中如有些数据一时无法掌握，我方可以向法方索取数据资料，然而法方对资料的管理很严，张炳炎据理力争提出交涉："按合同规定，贵方有义务提供技术资料。"法方代表一阵搔耳挠腮后挤出一句："对不起，这是订合同时的疏忽。""疏忽！合同具有法律效力，难道法律用疏忽二字就可以代替？！"法方代表无法自圆其说，只好提供了部分数据资料，但很有限。于是张炳炎又搞起了"外交攻势"，与法方技术人员及一些重要部位的技术人员建立了良好的工作关系，在他们的帮助下，张炳炎获得了不少宝贵的法国建造数据资料，也核对了一些关键数据的正确性。

张炳炎在法国参加购买"耀华"号洽谈

两年的监造期间，张炳炎严把建造质量关，对"洋人"从不讲情面，凡是不符合设计要求的，或即使对质量影响不大但不符合规范的问题，他都一概不放行，大有"一夫当关，万夫莫开"之势。

"耀华"号分段安装时曾出现有一段接不上的情况，法国船监人员也很会钻空子，他们同意船厂补上一大块板条了事，说对强度不影响。对此，张炳炎态度明确，毫不含糊，执意要整块换掉，法国船监无奈地耸了耸肩膀，只得按张炳炎说的办。诸如此类的事不止这一件，船舶监造中他每天爬上爬下，细微之处从不放过，因此得了个"NO先生"的雅号。

这段时间的监造工作也使张炳炎了解了法国的造船水平，并与其他国家的水平进行了比较，尤其看到了我国造船水平与国际上的差距，当法国人已经在 10∶1 放样、无余量对接时，国内船厂的工人还在拿着一根细长竹条趴在木头地板上进行 1∶1 放样。"

多年后，张炳炎在谈起法国的这段经历时，眼角闪出欣慰的笑意："我在法国工作两年，不仅加深了对造船的认识，也为自己日后造船奠定

我的理想是造船　13

了厚实的基础。"在回答记者提问时他曾说:"监造,使我真正认识了造船。"

1967年9月,张炳炎从法国回到祖国,正赶上"文化大革命",到处是大字报,许多人在潮流的推动下参加"运动",而张炳炎却依然专注学习,为实现自己的理想而勤奋努力着。1967年,张炳炎接受研究设计远洋调查船的任务。

2

像这样的船世界上有几艘

- 担任"向阳红10"号总设计师
- 为"580"试验保驾护航
- 南极考察、建站
- 国令嘉奖　实至名归

一片丹心向阳红
——舰船工程专家张炳炎的故事

担任"向阳红10"号总设计师

1965年8月，钱学森等专家提出了发展我国运载火箭的初步设想。然而，要把弹头送到万里之外，到哪里去寻找靶场呢？以酒泉发射场为圆心，以一万千米为半径画一个圆，锁定了一个理想的落点——南太平洋。

1971年2月初，"七一八工程"远洋调查船新船设计任务正式下达，当时正在广州造船厂处理"向阳红5"号船改装收尾工作的张炳炎被召回担任"向阳红10"号远洋调查船的总设计师。"向阳红10"号是我国为远程运载火箭全程飞行试验首次研制的大型综合性海洋科学调查船兼远洋通信船。该船的主要使命是：勘察和选择海上实验靶场；发布所在海域的中、短期天气预报和危险天气警报，为实验船队和导弹飞行实验提供水文和气象保障；调查地球重力场和磁力场，为弹道修正提供资料；保障全天候远洋短波通信和实验时的长时间数字传递以及通信频率预报，调查海洋水声，为导弹数据舱水下打捞的水声布阵提供海洋水声资料；船上设大型舰载直升机在海上长期工作；伺服和保障系统，承担导弹落点时的直升遥测任务等。此外，该船平时可进行世界各大洋的水文、气象、地质、地貌、地球物理、海洋物理和化学、海洋生物和微生物等学科的调查研究工作，为海军战场准备及海洋资源开发和科学技术的发展服务。有人问："像这样的船世界上有几艘？"张炳炎说："把这么多项目和设备集于一身的特大型科考船，国外也没设计建造过。这条船所涉及的学科多，有不少项目是国内技术空白，再加上时间紧、任务重、要求高，所面临的困难之多是常人难以想象的，有些甚至是难以逾越的，非常棘手。"

作为"向阳红10"号远洋综合调查船的总设计师，张炳炎深感任务的艰巨性和特殊性。要研究设计好这艘船，把握好关键技术，对自己是一种挑战

16

也是一种考验。但他深信，有些事情虽然看起来艰难，但只要从一点一滴做起，逐个突破，持之以恒，就会看见胜利的曙光。

首先，是电磁干扰和通信试验问题。由于调查船上涉及的设备较多，为了尽量避免各种信号在接收时的相互干扰，特别是大功率短波发信所产生的强射频磁场引起的非线性宽带射频干扰，确保在接收与发送同时进行时通信讯号保持良好运行，船上的电磁兼容性问题成为一大技术难题。这关系到大功率短波发信与气象系统收信两个系统集于一船的尝试能否成功，更重要的是这直接关系到远程运载火箭能否如期进行全程飞行试验。

其次，船舶稳性问题。调查船时常要在恶劣的海况下工作，对稳性要求特别高，任务书规定的稳性要达到抗12级风浪。船的稳性能抗12级风浪究竟靠什么来衡量，又该怎样计算呢？这可是关乎全船人员生命安全的关键问题，决不能有一丝疏忽。

再次，是船的振动问题。根据任务要求，船上装有大量的精密仪器设备和大型天线及高大桅杆，还需携带超黄蜂型直升机在海上长期作业。因此，要在船上设置一个停机坪和机库。

这些难题与空白点对船舶设计单位与建造单位来说，无疑是一个严峻挑战。困难面前，张炳炎首先端正心态、树立信心："成功不是别人能给你的，若你自己的心态是消沉的，别人再怎么帮你也无济于事。"

"向阳红10号"远洋调查船

像这样的船世界上有几艘

设计中，为了使各项性能指标达到预期目的，张炳炎以科学的态度进行多项模型试验，包括模型阻力试验、流线测定试验、螺旋桨水筒试验、自航试验、浅水阻力试验、倒拖阻力试验、适航性和操纵性试验等。其试验项目之多、历时之长、涉及试验单位之广，以往很少船舶有此先例。随着一个个疑难问题的解决，张炳炎及设计团队终于完成了"向阳红10"号远洋调查船的总体设计。1974年12月10日，"向阳红10"号远洋调查船三结合设计组赴江南造船厂进行施工设计。1975年7月开工建造。

张炳炎回顾在解决"向阳红10"号调查船的特殊抗风力和一些关键技术难题时，谈到"创造性"方法。其含义是，首先，解决问题的方法不是从现成资料直接抄来的，也不是靠别人出主意，而是自己下功夫结合具体实际问题广泛收集资料，并加以深入研究和分析比较，得出结论再经过反复实践检验的结果。如，在成功解决了"向阳红5"号船的抗风力计算的基础上，又进一步收集资料，对风速沿高度分布问题进行了研究、分析和比较，并根据调查船的特点，选择了不同于苏联和美国所采用的参数，对计算方法进行了改进，最后制定了我国船舶行业标准"海洋调查船特殊抗风力要求。"其次，对理论上不可能解决的问题，采用设计技术和技巧加以解决。例如，船的稳性和耐波性是一对固有矛盾，在理论上是不可调和的。调查船要求抗台风，必须具有足够大的稳性，而在调查作业时希望有比较柔和的摇摆特性，以便提高科技人员的工作效能。这类问题在书本上是找不到答案的，只能靠各自的设计技术和技巧来解决。"向阳红10"号船在设计上采取了相关尺度的匹配优选和一些装载状况的特殊设置与调整等一系列措施，有效解决了这一难题，既保证了船的抗风力，又能使船在漂泊作业时具有非常柔和的摇摆特性，可将横摇周期调整到15～16秒。特别是在船上没有设置一点压铁，这在国内调查船设计中开创了先例。

为"580"试验保驾护航

1980年3月31日,"向阳红10"号抵达青岛参加海上编队近海合练。"向阳红5"号被选为"580"特混编队的旗舰。

张炳炎以"向阳红10"号总设计师的身份随船保驾护航,负责全船技术安全问题和应对意外突发事件,确保"安全开出去,胜利开回来"。他深感责任重大,在整个远航过程中,他密切注意并严格把控关键技术问题。

试航中,空调冷却系统的问题接踵而来。张炳炎仔细查阅图纸,决定将船上的空调冷却系统与发信机冷却伺服系统接通。这样,发信机有了三套冷却方式,能分能和,灵活方便,符合系统工作原理,可靠性大大增加。修改后的发信机冷却伺服系统为正式试验连续长时间的大量转讯工作提供了可靠保障。在历时62天的近海合练和执行远洋任务过程中,"向阳红10"号船在海上进行了高空、海面气象观测,获得了大量数据;通信联络及时畅通、航海作业准确无误、机电设备运行正常、船只操纵安全稳妥,得到海上编队指挥部的充分肯定。

根据试验任务的部署,"向阳红10"号船三次进入太平洋。第一次于1983年

张炳炎参加"向阳红10"号试航

像这样的船世界上有几艘

一片丹心向阳红
——舰船工程专家张炳炎的故事

9月22日从上海启航，先赴青岛海区参加近海合练。尔后，与"远望1"号船编队启航，穿过宫古海峡，途经关岛、霍尔群岛，抵达试验测量海区，在海上历时85天，安全航行8884海里。第二次1984年1月7日启航，1月15日编队抵达试验海区，在海上历时36天，安全航行7232海里。第三次1984年3月21日启航，3月30日编队抵达试验海区，在海上历时30天，安全航行5152海里。在海上航行试验时，"向阳红10"号船大部分时间在台风生成区和东北信风带海区活动。第一航次受到三次热带低压影响，风大、浪高、连续时间长。第二航次共在海上36天，连续24天受到大风浪影响。第三航次受到10多天的巨浪巨涌袭击。全体参试人员以高昂的战斗意志和饱满的政治热情，同舟共济，战高温、斗恶浪，确保了通信转发和信息传输畅通、准确、及时。"向阳红10"号船安全航行21268海里和2025小时无事故，荣立集体二等功。

南极考察、建站

1984年11月20日上午，黄浦江畔汽笛长鸣，锣鼓喧天，远征南极的中国首次考察编队就要启航了。十时整，"向阳红10"号船开始向南极远征。

有人以为，凭着这样现代化的巨轮去南极，是一件唾手可得的容易事，其实不然。"向阳红10"号船长、国家海洋局东海分局副局长沈阿坤说："船要斜穿面积达一亿七千多万平方千米的世界最大、最深的海洋，要成功地战胜各种风暴气旋，其危险程度绝不亚于要想成功到达黄河彼岸的凌空走钢丝。而且这次是中国人首航南极，航线陌生，因此更是险上加险。"

1992年1月张炳炎在南极中山站

像这样的船世界上有几艘

按计划，两艘船将经宫古海峡、关岛、吉尔伯特群岛、合恩角，停靠阿根廷最南端的乌斯怀亚港补给休整，然后再通过德雷克海峡，抵达南极洲。

在海上航行没多久，就接到了19号台风来临的预报。接编队指挥组的通知，"向阳红10"号船调整航向，改由日本的吐噶喇列岛和奄美大岛之间的水道通过进入太平洋。

11月27日凌晨，"向阳红10"号船偕"J121"号在关岛东南越过了马里亚纳海沟。12月11日，"向阳红10"船进入恶浪汹涌的西风带。在通过西风带的整整7天里，"向阳红10"号经历了前所未有的严峻考验。

1985年1月24日23时1分，"向阳红10"号船搏风击浪，在西经69度15分驶入南极圈。这是中国科考队员乘坐自己国家设计建造的船只，胜利完成首次挺进南极圈的壮举，在人类南极考察史上填写了新的一页。1月26日胜利完成南极考察，掉转船向；再向北继续考察的途中突然遇到12级以上极地气旋风暴，海面上卷起巨涌大浪高达13米。在狂风巨浪中，船体前后大幅度起伏，推进器露出水面，主机9次飞车。在这危险时刻，船长张志挺采取正确措施，将船首与风向间的夹角调整成15°～20°，迎风顶浪缓慢航行，并发布一级抗风保船命令。经过十多个小时同狂风恶浪的顽强拼搏，"向阳红10"号终于闯出了极地气旋风暴区，脱离险境安全回到民防湾。经过这次考验，"向阳红10"号船舱面设备受到一些损失，如后甲板5吨吊车操作室被巨浪冲倒、几部海洋调查绞车电机被海浪长期浸泡，绝缘受到严重碰坏，上甲板前部几处出现裂缝等。但"向阳红10"号船终于经受了一次长达十多个小时极地气旋12级以上狂风巨浪的严峻考验。结果表明，我国自行研究设计、自己建造的"向阳红10"号远洋调查船不但外形美观漂亮，而且抗风力强、稳定性好、机动性大、生命力强，我国船舶研究设计工作和造船工业已经达到了一个新的水平。

"向阳红10"号船在南极建站和南大洋考察历时142天，总共航行26000海里，胜利完成各项任务，安全返回上海港，荣立集体一等功。

国令嘉奖　实至名归

"向阳红10"号远洋调查船是在我国远程运载火箭全程飞行试验迫切需要的情况下诞生的。交付使用后,在参加我国向太平洋试验海域发射远程运载火箭和第一颗试验通信卫星发射试验中,出色地完成了所担负的各项任务,为发展空间技术和国防现代化做出了贡献。为此,全船两次荣获集体二等功、一次集体一等功。

该船在首次南极执行建站任务的航渡中,其通信系统开通了南极与北京的短波通信网络,创造了我国电信史上最远距离的短波电路通信记录,并初步揭开了南极和南大洋通信的奥秘。同时,该船开辟了通往南美洲最近的新航线,为南极"长城站"的建设运载了500多吨建站物质、设备和工具以及全部人员。该航线已被我国远洋运输船队采用,为提高我国海运事业的经济效益做出了贡献。在首次南大洋科学考察中,该船越过了南极圈(超过了设计要求),在往返横渡太平洋过程中,进行了全程多学科的试航观测,取得很多宝贵资料。

我国从1959年7月开始设计建造第一艘海洋气象调查船"气象1"号,到1979年10月研制成功"向阳红10"号大型综合性海洋调查船,历经二十年,"向阳红10"号远洋调查船的诞生,标志着我国远洋科学调查船的设计和建造技术已接近或赶上世界先进水平。张炳炎作为我国海洋调查船研究设计的权威和专家,他倾己所有为我国海洋调查船的发展做出了卓越贡献。1979年,"向阳红10"号荣获国防科工委重大科技成果设计奖一等奖,1985年被评为国家科技进步奖特等奖,2006年被评为中国十大名船之一。

像这样的船世界上有几艘

3

向极地科考挺进

- 改装"雪龙"号
- 科考、救援功勋卓著
- "为科学牺牲,值得!"

一片丹心向阳红
——舰船工程专家张炳炎的故事

改装"雪龙"号

"雪龙"号是中国最大的极地考察船，是中国第三代极地破冰船和科学考察船，也是目前中国进行极地科学考察的唯一一艘功能齐全的破冰船。该船是乌克兰赫尔松船厂在1993年为苏联建造供北冰洋地区运输的一艘维他斯·白令级破冰船，除了可搭载直升机，该船还配有北极及定期水下载具。苏联解体后，由于无法继续建造，中国将其购得，然后船厂按照中国的需求进行改造。

张炳炎在该船购买、洽谈和技术改造中发挥了重要作用。国家海洋局极地考察办公室副主任吴军在接受采访时说：

1990年海洋局南极办想搞一条新的南极考察破冰船，委托七○八所做预研工作，由张炳炎负责。

1993年3月31日"雪龙"号建成

张炳炎提出，一个是改造"向阳红10"号，另一个是我国自己造一条，为此他做了几个可行性方案。由于当时国家财力有限（预计需3亿人民币），国内新造的计划未能落实。当时获悉乌克兰有一条

26

新造的船，由于苏联解体，没有钱支付船款，只能弃船，我们正好需要这种船，所以购买时价格非常便宜。我们马上将此信息告知张炳炎，因为他是留苏的，又是学造船的，对海洋局的调查船情况特别熟悉。当我把有关资料交给他后，经一周时间他就与我联系，说这条船非常好，从技术性能、动力要求，尤其是后勤保障均能满足我们南极考察的需要，如经适当改造，可成为一条综合性的南极科考船。

由张炳炎、我和另两人组成四人勘验小组到船厂，张炳炎是组长，在船厂待了一周，对该船进行实地考察，回国后给国务院写了报告，后来国务院批准购买……又组成一个监造验收小组去厂里，直到1993年4月初这条船（即"雪龙"号）就开回来了。这条船使用的材料很好，至今已20年了，钢板没有任何腐蚀。乌克兰船厂虽然穷，但对我们派去验船的人的水平开始有点看不上，有时会糊弄我们，张炳炎有几件事把他们镇住了：一件是在做船模稳性试验时，他们做得不到位，张炳炎马上指出他们的问题，并讲出理论根据，把他们镇住了；还有一件是"雪龙"号后面有直升机系统，另外有滚装门的，一般船级社人员对这些不太熟悉，但他提出许多建设性意见，船厂副厂长听后对他非常佩服。后来在吃饭时，厂长听说张炳炎毕业于列宁格勒学院，而且曾在赫尔松船厂实习过，他比厂长毕业还早，此后厂长对张炳炎彻底服了，从心里佩服。

"雪龙"号买回后，第一次南极考察即是海洋局第十一次南极考察，船长是"向阳红10"号的船长沈阿坤，他开"雪龙"号还没有经验，毕竟"雪龙"号比较复杂，当时沈船长提出一个方案：为使船的稳性好一些，采用2000吨石头作压载。我们将此方案征询张炳炎，他经过科学论证，认为不需要加压载，终于说服了船长。该船航行一万余海里，确实没有问题，张炳炎在技术上非常严谨，船长对他非常信任。"雪龙"号返回后即进行了第一次改装，因为这条船原先是按用于北极的补给船设计，可装滚装货物（汽车），可载两架直升机，还可装载300多个标准集装箱，有两层货舱、容量很大。而我们要把它改装成综合性考察船，一定要增加许多科考设备，为此张炳炎又做了改装设计方案：针对南极使用，除装载大量货物还要装载大量油料；为了进行海洋科考，增加了实验室区域和科考设备；为了安置考察人员，将原先只有50多个船员仓位增加到180多个舱位，还完善了直升机系统等。张炳炎第一次改装非常成功，从 1993 年初直到 2007 年都在使用。二十多年过去了，国家决定要造一条新船，基于对张炳炎技术的信赖，还要七〇八所设计。这条新船建成时，我们一定不会忘记张炳炎，因为他一直有一个心愿要建造一条破冰船，他的许多可行性论证方案均在新船中被采用，他应该是我国海洋调查船最权威的人士。

"雪龙"号购进后，为适应极地科学考察的需要，在张炳炎主持下对其进行了技术改造，他依据改装设计合同和有关规范、规则及公约，在改装项目要求下，对"雪龙"号进行了部分设施的改装及优化。

1995 年和 2006 年，对雪龙号又进行了二次改造，张炳炎任总设计师。经升级改造后，"雪龙"号主甲板以上的所有设备设施全部更新。船上的实验室面积也从原来的 200 多平方米扩大到 580 平方米，并全部更换了实验室设备。改造后的"雪龙"号具有先进的导航、定位、自动驾驶系统，配备有先进的通信系统及能容纳两架直升机的平台、机库和配套设备。船上设有大气、水文、生物、计算机数据处理中心、气象分析预报中心和海洋物理、海洋化学、生物、地质、气象和洁净等一系列科学考察实验室。"雪龙"号还设有游泳池、图书馆、健身房、室内篮球场、网吧、卡拉 OK、洗衣房、手术室等。可航行于世界任何海区。

1996 年 9 月 28 日，张炳炎在南极考察船"雪龙"号驾驶室内

科考、救援功勋卓著

"雪龙"号改建成功后多次进行科学考察。1999年7—9月，我国组织了对北极地区的首次大规模综合科学考察，极地考察船"雪龙"号搭载着124名考察队员首航北极，历时71天，航行14180海里，对北极海洋、大气、生物、地质、渔业和生态环境等进行综合考察。

2003年7月，我国组织第二次北极科学考察，"雪龙"号搭载109名考察队员远征北极，破冰挺进北纬80°，全程历时74天，航行12600海里，开展了海洋、大气、海冰和生化等多学科的综合考察，并运用水下机器人等高新技术深化了对北极海洋、海冰与大气相互作用的研究。

2007年11月，"雪龙"号执行第24次南极科学考察任务。这次南极科考在南极冰穹A地区进行冰盖典型断面综合考察、冰穹A冰芯钻探、地球物理探测和天文学观测等，冰穹A是南极冰盖的最高区域，气候环境极其严

雪龙号

向极地科考挺进

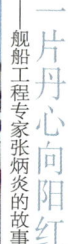

酷，被称为"人类不可接近之极"。

此次科考也创下了多个"第一"：在世界上首次绘制出南极冰穹A地区450平方千米范围内的1∶5万地形图、首次在南极内陆地区进行地震观测、首次进行光学天文的实验观测等一系列有开创性的壮举。天文学家在南极冰穹A地区进行天文台选址，计划建一个天文自动观测站，建几百个望远镜的庞大矩阵，开展变星统计、宇宙暗物质等研究。还打钻钻取约3200米深度的冰盖完整冰芯，查看冰穹A地区是否存在超过150万年的古老冰体。

2012年3月，中国第28次南极考察船"雪龙"号成功穿越南纬45°"咆哮西风带"。这是"雪龙"号穿越西风带最为艰难的一次，受气旋影响最大，持续时间最长。"雪龙"号穿越西风带期间，涌浪波高平均3.5～4.5米，最高可达5米。船体最大摇摆幅度达到20度左右，房间内大型物体都被绑扎固定，桌子上铺上了防滑垫，但即使这样，伴随"雪龙"号每一次大幅度的摇摆，人们都能听到房间内物品从高处跌落并在地板上来回滚动的声音。

2013年12月19日，我国开始极地科学考察史上的首次环南极大陆航行。新年伊始，南极天气突变，因强大气旋导致周边浮冰面积迅速扩大，俄罗斯"绍卡利斯基院士"号科考船上的52名乘客被困于南纬66°41′、东经144°29′的密集浮冰区。"雪龙"号科考船闻讯后，将该船营救，但自己却被困南极冰区。"雪龙"号能否顺利脱险，牵动着亿万人的心。

2013年1月6日凌晨，"雪龙"号启动主发动机，开始拓宽"破冰跑道"，积极谋求转身，为成功驶离密集浮冰区做准备；1月6日晚到7日，受西风影响，浮冰逐渐向外围扩散，"雪龙"号迎来突围良机；1月7日18时30分，"雪龙"号成功突破浮冰重围，进入开阔海域航行。其船体及各种设备又一次经受了考验。

自1994年10月首航南极以来，"雪龙"号已先后20多次赴南极、数次赴北极执行科学考察与补给运输任务，足迹遍布五大洋，创下中国航海史上多项纪录。

"为科学牺牲，值得！"

张炳炎认为，设计是创造人为事物，是一个既要求创新意识活跃，又要求现实性和知识综合性很强的能充分发挥想象力、创造性的工作领域，但具体到船舶设计来说，又并不完全如此。由于船舶投资大、系统复杂、涉及范围广、设计和建造工作量大且周期长以及风险大和安全可靠性要求高等因素，受传统造船影响，国内外造船业形成了参照母型设计的传统做法。同时，随着科技的发展和安全意识的加强，又趋向于按着方法、程序、标准、规则、公约等一整套的规范化模式进行设计，这些虽然都有利于提高船舶的安全可靠性，但很大程度上限制和约束了设计人员的积极主动性和创造性。

在作为总设计师承担的一些重点设计任务中，张炳炎大胆寻找解决方案。比如，在承担改装任务时，要求将原可抗10级风的货船改装后能在12级强台风中安全航行的调查船。在当时的条件下，张炳炎完全可以找出多种理由予以否定，但考虑到这是我国有史以来第一次进行远洋调查，作为负责该工程的技术人员，理应排忧解难，确保船的安全，于是便无条件地做了承诺，并从基本原理摸起，根据风浪共同作用原理，按能抗12级台风对船舶稳性的要求编制了计算方法，在改装中采取相应措施调整了船的稳性。为进一步验证其可靠性，张炳炎长时间地随船在多种海况中进行观察，反复进行计算核实与修正。又如，在承担为远程运载火箭全程飞行试验研制的远洋调查船设计中，张炳炎突破传统观念，解决了气象系统与大功率短波通信系统并于一船的技术难题，成功研发设计了集海洋调查、气象、通信三大任务于一船的大型综合远洋调查船，被日本《世界舰船》杂志称为大型"特殊船"，圆满完成了我国首次向太平洋海域发射远程运载火箭试验海上跟踪测量任务，得到了"气象保障可靠""通信联络没有一丝差错，达到百分之百准确"

一片丹心向阳红
——舰船工程专家张炳炎的故事

的高度评价。

从立志造船开始，张炳炎就倾注了所有的时间和热忱。"大胆设想、周密思考、仔细求证""敢走自己的路、敢为天下先、敢承担风险"是张炳炎的格言。在五十多年舰船科研设计生涯中，他就是遵循自己的信条，突破了一个又一个艰难险阻。他曾说："作为舰船设计人员，特别是科学考察船的设计人员，经常需要深入考察最前线，亲身观测科学数据并体验工作环境，这样才能设计出满足需求的船舶。"

1991年11月至1992年4月，为了收集南极科学考察破冰船的第一手资料，他受国家南极考察委员会的委托，带领专家小组登上"极地"号考察船，参加了我国第八次南极考察。作为一名造船专家，他深知此行的重要性，虽然当时他已年逾花甲，是考察队中最年长的队员，并且出发前他胆结石正发病，但为保证考察任务的顺利完成，他仍坚持按时出发。

去往南极的航途风起浪涌、险情不断，这是一条"勇敢者的道路"，张炳炎克服了晕船、呕吐，顶着狂风恶浪，坚持全航程的观察调研工作。当"极地"号穿越西风带时，船体大幅度地左右摇摆，人在船舱里不抓住固定物就会如同球体般随船的倾斜而被抛向两边。就在这种剧烈的摇摆中，年已58岁且身体略有发福的张炳炎硬是一步一步艰难地登上驾驶室，仔细观察、详细记录，与风浪搏斗了两个多小时，终于掌握了宝贵的第一手资料。当"极地"号驶入浮冰区时，更是只见冰山林立、险象环生，巨大的冰块不时冲击着船体、挤压着船体，发出"咯吱吱"刺耳的声响，就像要把"极地"号撕咬吞噬一般，那种声音不由得使人从心底透出一股寒气，加上南极零下几十度的刺骨寒流，仿佛要将天地间一切都封冻起来。"极地"号甲板上又冷又滑，行走在上面真是一步一打战、二步一趔趄，张炳炎却浑然不顾，在船上多次往返于船头船尾之间，观察船在航行中浮冰对船的撞击情况。为了获取撞击瞬间的宝贵资料，他甚至冒着生命危险将身体倾向船舷，摄下一组组珍贵的照片。在考察队里他是最年长的一位，但他一直以一名普通考察队员的身份要求自己，带领课题组人员圆满超额完成了预定的考察任务。按照他的年龄和资格，回程可以乘飞机，但为了观察洋流走向、寻找南大洋波浪出路的资料，他坚持跟船同行，并坚定地说："如果遇险牺牲，也是为科学牺牲，为科学而死值得。"

4

劈波斩浪的利剑

- 旗舰——"中国海监83"船
- 身未动　心已远
- 海上执法　彰显国威

旗舰——"中国海监83"船

我国濒临海域面积大、海岸线长，拥有岛屿多，维护海疆的任务十分艰巨。进入新世纪，经国务院批准，国家海洋局决定建造一艘能适应多种任务、维护我国海洋权益的高性能海监船。

张炳炎得知这一讯息非常兴奋，他认为我国海监船队现有船舶状况难以胜任国务院赋予国家海洋局管理全国海洋工作的职能和任务，从我国海域的自然状况和海洋对国民经济和国防建设的可持续发展重要性，同周边国家的复杂关系、国外海监船的发展状况以及21世纪全世界对海洋关注的热点等方面来看，尽快设计建造新型海监船舶、加速发展壮大我国海监船队力量势在必行。

"中国海监83"船

设计新型海监船，当时面临许多技术难题：

使命任务多：不但要承担海洋维权执法管理的全部海监任务，而且还要承担海洋综合科学考察的各项调查任务。按国内外船舶的传统分类，应分别设计建造海监和科考两型船。由于两型船的使命任务集于一船，所需要的实验室类型、数量和面积以及大型专用设备和露天甲板作业面积等都远远大于国内外同类船。由于船的经费、吨位和尺度等受到严格的限制，这给研发工作造成多方面的困难。

大型设备多：为扩大海监视野和快速反应，新型海监船在速度方面要能够覆盖各类船舶和快艇的速度范围，船上有直升机及其全套伺服保障设施和系统。另外，为执行海上监察和科考调查任务，船上还需设有多种大型专业设备等。

技术指标高：抗风能力应不低于蒲氏风级12级，相当现在媒体报道的17级超强台风；最大航速不小于18节，最低航速不大于0.5节，两者之间为无级调速；耐波性满足直9型海监直升机在4级海况（5～6级风）自由起降；抗沉性应超规范要求，达到相邻两仓破损不沉；操纵

张炳炎参加海监船铺龙骨典礼

劈波斩浪的利剑

性应达到低速状态下的原地回转要求；应具有优良的振动和噪音特性，以保证精密仪器的良好工作状态和人员的优良工作和生活环境。在常用航速 15 节时续航力不小于 10000 海里和在 80 人的额定编制下自持力不小于 60 天等。

招投标竞争： 此船设计、建造需通过招投标取得，为了拿到这个任务，张炳炎认真做准备，带领团队完成了该船的阻力、耐波性、操纵性和横飘回转等船模试验验证工作，对船的基本性能和所需要的推进功率等各种数据有了比较准确的了解。在没有正式拿到设计任务之前就进行这样深入细致的工作，过去是少见的。

功夫不负有心人，2001 年 12 月，由国际招标公司主持在国家海洋局召开的技术方案专家评审会（实际是设计任务招标会）上，张炳炎终于以"方案合理、各项性能先进和技术经济指标高"而中标。

身未动　心已远

　　张炳炎在总结研究设计和建造舰船经验的基础上，提出"以先进性和适用性为目标，以经济性为准绳，以技术求效益，以创新促发展，设计建造具有中国特色和世界一流的先进海监船，并为建设具有中国特色的海监船队而共同携手奋斗"的新理念和总体思路。这是他高瞻远瞩、具有发展眼光设计舰船的真实体现。

　　上述观点的核心是将经济性纳入研发工作的全过程，并作为先进性和适用性的约束条件和评价标准，目的是力求改变单纯追求技术指标的习惯，进而树立"没有经济性的先进性不能称其为先进"的新理念。长期以来，由于受"照搬老大哥的先进经验"的影响，自然形成了凡是"非营利型"舰船的研发项目从不考虑其经济性，而只关注战术技术指标的"超额"完成，结果造成粗犷式的高耗费换来的一点高指标。这同现在大力提倡的精益节约型是完全相悖的。另外，提出将先进性与适用性共同作为研发工作的追求目标，目的是突出两者互为条件和相辅相成的互补关系，防止追求华而不实的先进，因为这种不讲实用、只讲先进的现象仍不少见。

　　张炳炎还提出新建的海监船要有"中国特色"，强调研究工作要同我国实际情况相结合，而不能跟在别人后面一味"效仿"。他说，在国外，海监和海洋调查是分别由两种不同类型和性质的船承担，并分属不同的单位管理和使用，而在我国虽然也是两种船型和分属不同的部门管理使用，但这两种船现有的数量少、质量差，都不足以完成各自的使命任务。而且由于我国的"蓝色国土"同周边国家在大陆架特定主权、沿海岛屿及专属经济区的划分和归属上存在争议，要维护我国的海洋主权、进行海洋权益的国际抗争和谈判，都必须进行大量的海洋科学调查，对我国大陆架海域做出严密的科学界定，并对有争议区域的海洋环境、地质构造、地形地貌和矿藏能源等资源情况有清楚的了解和充分的掌握。这些实际需要在客观上就要求我们的海监船不但应具备优良的维权执法能力，而且应具有很强的海洋综合科学调查能力。开发将海监和海洋调查这两大类任务集于一船的多功能新船型，技术难度很大，但在张炳炎总设计师的主持和带领下，3000吨级"中国海监83"船的关键技术难题被完满突破，并且实现了多项创新：

一是研发理念和总体思路创新。张炳炎说，船舶是一个多学科、多系统、多设备和集众多复杂矛盾于一体的工程构造物，涉及面甚广。而"中国海监83"船又是一项新的研发项目，采用新设备多，自然新问题就多，技术难度大。在无现成资料可借鉴的情况下，设计者要敢于突破传统观念和习惯的约束，敢于面对现实，建立新理念，形成新思路，并采用新方法，认真研究解决新问题。在上述新理念和总体思路的指导下，研发成功了高技术性能和高经济性两者兼备的节约型多功能全天候海监船。

二是船型创新。该船按民用船舶规范设计建造，必须满足国内外有关规范规则的规定和要求。过去，一般都是采用前、中、后三桅船型才能满足"国际海上避碰规则"有关航行灯的规定和要求。但是高大的后桅将使直升机的起降条件受到极大的约束和限制，而且也影响船的外观。为此，张炳炎对传统船型进行彻底改造，不但完全满足了规范规则的规定和要求，而且为直升机的起降创造了良好条件。船的试航照片在报纸上刊登后，受到了广泛的赞誉。

三是系统集成创新。船小，系统多，以往的习惯做法是各系统自管自，放不下就扩大地盘，以致放大船的尺度。这次受到经费和船的吨位约束，不能随意放大船的尺度，基本上属于限额设计。张炳炎和各专业的设计人员经反复研究试验，采用了多层次优化与各系统相互交融相结合的新办法，达到了提高公用、消除冗余、节省空间、紧凑合理、并符合各系统作业流程的总目的。如一台货梯（升降机）可为三个系统服务；一台吊架不但供多部调查绞车使用，而且可为多个部门的船岸物流服务等。充分体现了"以经济性为准绳，以技术求效益，以创新促发展"的思路。

四是线型创新。以往的线型设计多采用计算机母型变换获取线型，但从实船结果看，在技术进步方面并不理想。张炳炎根据多年的研究设计经验，结合船的具体情况，采用了自行研发设计线型，并进行有针对性的不同前体、后体组合变换验证试验，如U型前体和V型后体组合、V型前体和V型后体组合等，从而获得了最佳匹配和最低阻力的线型。

五是球首和尾型创新。在这类小型船上，以前从未遇到需要适应双侧推的球首和适应双全回转吊舱式推进装置的尾型设计。为解决动力定位系统的需要，张炳炎自行研发新型首、尾，经船模试验优化，取得了前所未有的好结果——侧推孔的阻力增加甚微、尾振甚微。

六是专用装置创新。一般海洋调查船的水文调查取样均应在船的前部进行，以保证所取水样免受船内排水的影响，但这是一直没有很好解决的问题。国外调查船的解决办法是将前部露天作业甲板局部降低一层甲板，但这对抗风力、耐波性和抗沉性要求特别高的船来说是不可取的。对于担任海洋污染取证任务的海监船，则又是必须解决的重要问题，以保证取得真实可信的水样调查资料。为此，张炳炎和设计组根据船的具体情况，专门研制了调查取样的行车装置和液压水密舷门装置，为将水文取样设备及其实验室设置在船的前部露天甲板之下的舱内创造了条件，解决了国内调查船长期没有解决的问题。这种新的设计，既可实现船的多点同时作业功能，也为前部调查作业和设备的维护保养提供了良好的工作环境，同时又能保证船的总体性能要求和船的外观形象，可谓一举多得。

一片丹心向阳红
——舰船工程专家张炳炎的故事

海上执法　彰显国威

2003年3月5日签订建造合同并开始详细设计，经过图纸送审、舰载直升机系统方案审查会、详细设计审查会等多次审查和修改，2003年7月下旬，船、机、电等各专业全面完成详细设计。此后，张炳炎带领设计团队一起配合工厂建造，并于2005年8月13日交船。

该船交付使用一年内出海执行任务120天，航行1197小时，航程15801海里。2010年8月24日，一则报道引起了人们的注意："有'中国海监旗舰'之称的'中国海监83'船13日上午从广州长洲岛码头启航，将与在青岛启航的海巡11船汇合，远赴俄罗斯参加中、美、俄、日、韩、加六国联合安保演习。"这是中国海监船首次受命出国参加多国联合演习，也是"中国海监83"船在全世界观众面前的首次高调亮相。

该船多次作为指挥船参与中国重大南海维权执法任务，20多次担任编队指挥船的重任。一次，"中国海监83"船一如既往地巡航在我国南海海域，忽然一艘插着某国国旗的小船由远方快速驶来，"中国海监83"船翻译举起话筒向对方提出警告。但对方船不听劝阻，一意孤行地行驶过来，根据上级命令，"中国海监83"开足马力冲上去，300米、100米……两艘船越来越近，空气也紧张起来。那艘船似乎意识到情况不妙——若撞上近3000吨的"中国海监83"船恐是以卵击石。于是，它迅速转了一个弯，灰溜溜地跑了。

2009年3月8日，某国海军潜艇监测船在中国南海不请自入，中国海军发现其行踪后派遣数艘舰船对其进行监视与围堵，迫使其驶离中国海上专属经济区。这一摩擦令多方媒体关注，而此事件的中方舰船中，一个靓丽的身影被一些海军发烧友第一次所认识，这艘备受关注的海监船就是由张炳炎为总设计师设计的"中国海监83"船。它如同一柄白色的利剑，斩风破浪，航行在祖国美丽富饶的南海，守护着祖国的蓝色边疆。

"中国海监83"船，是第一艘完全由国内自主设计、采用紧凑式吊舱电力推进装置及一级动力定位系统的海监船，是当时我国设备最精良的集执法、监督、考察为一体、综合性能最优越、具有世界领先水平的多功能大型中远程海洋监察船，被誉为当时中国海监船"旗舰"。由于成绩显著，该船被评为国家海洋局安全先进船3次。

5

新型海洋物探船

- 研制"海洋六号"

一片丹心向阳红
——舰船工程专家张炳炎的故事

研制"海洋六号"

天然气水合物又称可燃冰,是一种自然存在的冰状笼型化合物,主要分布于海洋,少量分布于陆地冻土带,是由天然气与水在高压低温条件下形成的类冰状结晶物质。据称,1立方米的天然气水合物分解后可生成164~180立方米的天然气,被誉为"高效清洁能源"和21世纪的"绿色能源"。

有关专家称,可燃冰在全球的资源储藏量相当于现在全球已经探明的煤炭、石油、天然气等常规化石能源总量的两倍。就中国的情况看,南海地区预计有680亿吨标准油当量的可燃冰,青海地区冻土带也有350亿吨标准油当量的可燃冰。分析人士认为,一旦投入商业开发,将对中国的能源结构产生重大影响。

新型海洋物探船——"海洋六号"就是依据中国海洋科考需要和海域特点,由我国自主设计、建造的第一艘以海底天然气水合物资源调查为主,兼顾其他海洋地质、海洋矿产资源调查的综合调查船,可在国际海域无限航区开展调查,也是目前世界上第一艘配置较完善的集地质、地球物理、地震地质物探等多项调查功能于一体的综合调查船。

2002年12月,"海洋六号"经国家批准立项,由广州海洋地质调查局负责组织实施。2003年,七〇八研究所开始设计,张炳炎担任总设计师。

投标方案设计之初,张炳炎及设计团队查询资料,未见国内外有将如此规模的地震物探系统、地质调查系统以及相关的水文系统、水声探测装置集于一船的综合调查船,他们只能根据标书的规定和以往的设计经验进行设计,并要解决两大难题:一是船的重量能否控制在标书规定的吨位范围内,保证重量与吨位的平衡统一,选择何种主尺度和船型能满足各种大型专用设备的布置和总体要求；二是如何解决球鼻首和槽道式首推装置的船体开孔严重干扰深海多波束探测装置正常工作的问题。

在技术设计中，张炳炎特别关注的问题有三个，一是该船的调查设备较多，很多重要设备由于采购的原因无法及时提供设备的技术规格，给设计工作带来很大困难，直接影响总体布置和总体性能，其中影响最大的属多波束换能器装置。由于多波束换能器安装位置和安装尺寸的变化，在建造过程中该装置的位置由后部向前移动12.7米，而首部线型收缩致使该装置向船体两边伸出船体2.2米，在伸出的端部加装与船体连接的支持构件，使船体阻力增加，直接影响该船的试航航速。

二是关注船的重量重心。船的重量重心在任何一种船的设计中都是关键的，对于科考船更是如此。科考船一般属于定制船型，不同的船东、不同的使用需求均会有不同的重量重心结果，随着设计的深入会不断变化。

三是关注规范对结构弯矩和剪力的要求。由于该船的结构方形系数不满足规范条件，应直接计算波浪弯矩和剪力。因此，总体专业需要在考虑重量重心敏感度变化的前提下尽早提供配载的弯矩剪力包络线，以便结构专业参考。

人性化设计

"海洋六号"船于2003年开始设计。根据该船的特点，张炳炎提出人性化设计。他说，人性化设计就是坚持以人为本、安全第一。人性化设计不只限于船的生活居住方面，而且与调查作业密切相关；不仅涉及局部，而且与总体性能密切相关；不仅涉及物质方面，而且同精神和心理作用密切相关，是技术、经济和人文等各相关方面的融合设计，具有安全可靠、静动宜人、便捷高效和节能环保等突出特性。

要达到"融合"设计，各方面的指标均应"适度"和比例恰当，这就大大增加了设计难度。人性化设计主要体现在以下方面：

具有抗台风稳性。海洋调查船的基本特点是船小、人多、设备多、海上工作时间长和风险大等，所以在采用相关安全方面的规范、规则和标准时均应提高一级要求。如抗风浪和稳性，按民用规范规定，只要满足"完整稳性和破舱稳性"的计算即可，而"海洋六号"的设计又附加了满足"调查船特殊抗风力要求"的行业标准，提高了船的抗台风能力。

一片丹心向阳红
——舰船工程专家张炳炎的故事

"海洋六号"可燃冰综合调查船

具有特殊的抗沉性。按规范规定"海洋六号"只要满足"一舱不沉"的各项要求即可，但考虑到该船所调查海域的复杂性，船的抗沉性应提高到"相邻两舱同时进水不沉"的各项规定，其中对满足破舱稳性的要求增加了很大难度，最终采取了个别水密横隔壁的位置调整，才满足了要求。

具有阻火隔堵防火安全性。"海洋六号"的消防灭火设施已满足货船规范的要求，但考虑到该船人员较多，除船员外，科研调查人员临时上船工作，对船的情况不熟悉。为提高船的防火安全性，将消防设施提高到按客船规范的要求设计：划分防火区，设阻火隔堵，加大扶梯、通道的通畅性以及加强探火和消防灭火措施等。

此外，还要具有其他不可预测的安全预防措施，如避碰问题。《国际避碰规则》规定了在船上设置航行灯的具体位置范围和高度要求，按其规定和要求，需在船的中后部设置较高的灯桅，而该桅将影响吊机的使用。"海洋六号"在设置主桅的位置和形式上进行了优化，做到了完全满足规范规则对航行灯设置的各项规定和要求，同时避免了对吊机工作的影响。

解决防断裂问题。"海洋六号"的船体结构按中国船级社（CCS）2001年版《钢质海船入级与建造规范》及其修改通报设计。为应对船的不均匀载荷和严重中拱状态，除做好纵向构件过渡部位节点的优化和局部加强外，采用长首楼纵通甲板和阶梯型强力甲板（中后部分为上甲板，中前部分为首楼甲板），在两者的过度交叉部位均做了加强。另外，在首楼甲板受力较大部分又覆盖了通至两舷的艇甲板并做了加强。这样受力甲板逐步上移，万一船体结构出现问题可及早发现，阻止结构破损的延伸。以上这些，大大提高了船的安全性。

解决封闭与开敞问题。该问题不仅涉及全船的安全性，而且同船上的健康生活环境密切相关，是该船人性化设计的典型问题。海洋调查船在高海况航行，甲板上水或船艏穿浪是不可避免的，全船封闭处所的可靠水密性和开敞甲板的良好排水性对全船安全至关重要。如果封闭处持续进水或开敞甲板不能及时排水，不但损失船的稳性，而且使船的重心升高，更使船的倾覆危险加剧。在消防灭火和救生方面亦需要封闭与开敞性的恰当匹配，既要有严密的防火封闭区，也应有便于消防灭火和救生脱险的畅通便捷的扶梯通道和适当匹配的开敞甲板部位。

解决船上人员的舒适性问题。在非风暴天气，船上应具有适于人员活动的露天甲板。驾驶室为全景式，设于船中偏前，完全符合规范对"一人驾驶桥楼"的各项规定，并在留有充分后视窗的前提下采用了同无线电报务及其蓄电池和充放配电板间以及盥洗卫生间和就近登艇等紧密结合的区域完整性设计。病房和医生住房相邻，设于船甲板居住舱室末端，后邻救生艇，前通直升机起降平台，便于海上救护。

"海洋六号"设7层甲板或平台，其中3层甲板首尾贯通，既有利于船的纵总强度，又增加了露天作业甲板面积。设10道水密横隔壁、3道主防火壁，并在设施的设置方面满足相关规范规则和公约对36人以下国际航行客船的各项规定和要求。

国际先进　好评如潮

"海洋六号"船长106米，宽17.4米，最大吃水5.7米，设计排水量4600吨，最大排水量5287吨，续航力15000海里，自持力60天。2007年8月，"海洋六号"由武昌造船厂开工建造，总造价近4亿元人民币。2008年10月，命名暨下水仪式在武昌造船厂举行。2009年9月全面完成海上综合试航；10月，在上海举行交接船仪式后从上海浦东外高桥码头起航，驶过吴淞口，穿越东海、台湾海峡，进入中国南海海域，经过4天的航行到达广州。2009年10月18日上午,在广州东江口海洋地质调查局专用码头上,为"海洋六号"建造成功并正式加入中国海洋地质调查行列举行欢迎仪式,并于当日正式获得船舶国籍证书,这标志着中国海洋地质调查装备进入国际先进行列。该船可在国际海域无限航区开展调查。"海洋六号"持有《海洋地质调查甲级》证书、《实验测试甲级》证书、《海洋测绘甲级》证书、《资质认定计量认证证书》《中国合格评定国家认可委员会实验室认可证书》、中国船级社DOC(公司符合证明)、SMC(船舶安全管理证书)等。有能力承担以海洋高新技术为支撑的海洋国土资源与环境调查、国际海域矿产资源的战略性勘查评价和发展海洋地质科学等重大任务。

2011年6月28日至10月25日,"海洋六号"首次从广州启航赴太平洋西部、中部海域开展重点区域多金属结合核区资源、环境等调查工作以及相关基础科学研究。此次考察历时120天,航行1.8万余海里(约30000多千米),顺利完成中国大洋第23航次全部科考任务。

2012年5月,"海洋六号"深入南海北部区域,对那里的可燃冰资源进行新一轮精确调查。调查海域包括琼东南海域、西沙海域和东沙海域等区

张炳炎和广州海洋地质调查局柯胜边一同在"海洋六号"建造现场

域，调查的重点是在南海北部前期勘探的基础上圈定重点勘探区域，为下一步更加精确的勘探工作做准备。

2012年7月，"海洋六号"在执行中国载人潜水器"蛟龙"号7000米级海试警戒与保障任务期间，首次对世界最深海沟——马里亚纳海沟南端的"挑战者深渊"进行高精度多波束测量，填补了中国在这一领域的科研空白。

张炳炎多年从事海洋调查船的研究，并设计建造了多型不同类型的调查船，对船的技术先进性与经济性、船的综合性与专业性、船的时代性和国内外船的差异性等关系，通过"海洋六号"船的设计、建造和试验试航得到原则性的解决。交船后，各方面好评如潮。

6

大洋上的移动试验室

- "科学"号科考船的诞生
- 敬业只为卓越

一片丹心向阳红
——舰船工程专家张炳炎的故事

"科学"号科考船的诞生

海洋科学研究是一门基于海洋科学调查与观测的多学科交叉的综合性研究，随着世界海洋科技的迅猛发展，科考船的设计、装备和功能等更加注重综合性。为实现我国海洋科技中长期科学研究提供有力支撑，为我国参与国际合作竞争提供先进的观测研究平台，促进我国海洋科学考察能力和研究水平步入世界前列，2007年由国家发展改革委员会批准立项，研究设计海洋科学综合考察船，命名"科学"号。

"科学"号于2010年开工建造，2011年下水，2012年交付使用，2015年4月通过国家验收。该船由中国科学院海洋研究所为项目建设法人单位，七〇八所设计，张炳炎任总设计师。"科学"号是我国目前最先进的海洋科学综合考察船，也是世界上最先进的海洋科学考察船之一，具备全球航行能力。尤其是该船和船载探测与实验系统处于国际先进水平。它的成功研制标志中国海洋科学考察能力实现新的突破。

张炳炎和设计团队的精心设计使"科学"号许多指标国际领先。

一是给养充足。能在海上待60天，比国外同类考察船多出20天，增加了海洋考察的周期；续航力1.5万海里，比一般的考察船多1/3；由于船上装备了先进的可控被动式减摇水舱系统，在风浪大时可控制船体的摇晃程度，因此即使面对12级以上大风，"科学"号依然能够乘风破浪……"科学"号还首次在科考船上配备了一个升降鳍板装置，升降鳍板可伸到水下2.75米处，粘在其上的传感器可越过波浪的影响层，对海底信息的探查精度能提高到99.6%。

二是卫星定位实现信息畅通。声呐系统能扫描8000米至1.1万米的海底。通过声波的释放和接收，可以制作出海底的地势立体图，用来制作海底地图；剖面勘测能力是4000米。此外，"科学"号科考船还安装了卫星定位系统，通过卫星的信息传输，专家可在第一时间获知科考船上的全部信息，相应的科研过程和数据也能及时传输，实现了"移动实验室"和陆地大本营之间的信息同步。

除了声呐扫描系统，"科学"号的定位能力也十分强悍，在一定的风力和波浪范围内，科考船能通过操作系统稳定船身浮动，安稳地固定在特定位置。

三是移动实验室。"科学"号配备了七大船载科学探测与试验系统，包括水体探测系统、大气探测系统、海底探测系统、深海极端环境探测系统、遥感信息现场引证系统、船载试验系统、船载网络系统；搭载了高精度星站差分GPS定位系统、全海深多波束测探系统、多道数字地震系统、缆控水下机器人（ROV）、电视抓斗等多种国际先进的探测设备，具备高精度长周期的动力环境、地质环境、生态环境、生物、化学等综合海洋观测、调查能力。

"科学"号船载实验系统按照国际标准设计，分为通用实验室和专业实验室，内部配置有海上科学试验所需的水（洁净海水、超纯水）、电（交流380V、交流220V、直流21V）、气（氩气、氮气、二氧化碳、压缩空气）供应以及超纯水系统、营养盐自动分析仪、总有机碳分析仪、倒置相差生物显微镜、体视显微镜、高速冷冻离心机、超低温冰箱、制冰机、光照培养箱、多参数水质检测仪、岩芯综合测试系统等分析设备，并可接驳7个集装箱实验室，具备同步进行现场取样和实验分析能力，能够满足现代海洋科学多学科交叉研究的需要。

四是能低速"原地回转"。"科学"号在世界上首次采用国际先进的吊舱式电力推进装置，配备了艏侧推、动力定位及综合导航定位系统，可实现0~15节无级变速，在低速状况可完成360°回转。与其他海洋考察船不同的是，"科学"号操纵灵活、作业空间大。还采用了先进的减振降噪措施，船舶整体具备较高的海洋航行性能。与一般船舶装载柴油发动机不同，"科学"号配备电力推进系统，较传统的柴油驱动节能30%。船上的众多海洋勘测设备也采用电子动力，效率大大提升。

一片丹心向阳红
——舰船工程专家张炳炎的故事

敬业只为卓越

国家海洋局海洋研究所所长孙松在接受采访时说：

"科学"号对张院士是个挑战，因为这是个全新的东西，他必须用新的理念进行设计。例如，传统的船都是瘦长的，而"科考"号是短胖的，在稳性和抗风浪方面都有难度。但他做得非常好。这条船是国内最先进、在世界上也是最先进之一。通过这条船，我们和船厂都有同感，就是大大提升了我国船舶设计水平……

澳大利亚最近在新加坡也造了一条类似的船，因在测试中遇到很多问题，所以建成一年以后才交船。而"科学"号试航一次成功，尚未验收已航行了600多海里执行任务。凡是参观过这条船的人，无一人说不好的。张院士不仅在设计中采用很多创新理念，在建造过程中，他也常常提醒我们该注意些什么，他对待这条船像艺术品那样。可以说，没有张院士，这条船不可能放在七〇八所设计，也不可能造得那么好……

"科学"号项目总工程师于建军说：

张院士的敬业精神、高超的技术水平对我影响很大，我们很荣幸地邀请张院士任总设计师。"科学"号在立项时，张院士就作为国家专家组的专家参加评审，这期间张院士就给予我们很多帮助，提出许多指导性意见。张院士任总设计师，从那时起我们就树立了建造一艘国际先进水平调查船的信心，因为有了张院士的实力与敬业精神以及创新精神作支撑。

在立项时，国家就要求我们把它建成当前世界上发达国家新建和在建的同等水平的海洋科考船，因此该船在设计理念和方案上均有创新。例如船型设计成短宽型，动力系统也大胆采用国际上最先进的吊舱式电力推进装置。当时我们还聘请了两位外国专家，他们对此方案持反对意见，但张院士仍坚持，我们又做了充分的调研，最后确定采用。实践证明，采用这种装置满足了海洋考察的需求，从船舶特性来说在国际上是独一无二的。更有意思的是，这两位外国专家在他们国家建造的船上也采用了这种装置。……另外，在船的布局上也有创新，例如360度环视驾驶台、宽敞的甲板作业空间等，为海洋科考提供了有利条件。该船还采用了先进的减震降噪措施，船舶整体上具备较高的适航性和耐波性……在这条船上采用了吊舱式电力推进系统、舷侧推槽道口封盖装置、声呐扫描系统、后甲板的作业收放系统等，可以说数不胜数，都是世界先进的。

张炳炎作为一个七十多岁的老人，其可贵之处就在于他的创新思想，能把吊舱式电力推进应用于海洋科考船，这是国内、国外的第一艘船。……在2012年国际科考协会年会上，我们把"科学"号船介绍出去。会上围绕着"科学"号主题热议，令很多国家海洋科考船管理者羡慕和嫉妒。"科学"号船从设计上看，有许多特点：船的稳性、舒适度、重量重心的控制、船型、噪音控制以及总体布局等都满足了现代海洋科学考察的需求，张院士的能力、水平、创新精神、敬业精神都是值得人们学习的，他在技术上精益求精、追求完美，对细节一丝不苟地追求。……连舱室布置、家具布置他都过问，一位设计专家能注重这样的细节是很难得的，也是值得我学习的。

在整个设计过程中，我最深的体会是要把张院士的创新、敬业、传帮带的理念更好地传承下去，在海试结束时，我也要求项目组同志拿出一定时间很好地总结一下，这条船在各个专业都有很多值得写的内容，都有创新点，都有先进理念、先进技术的案例，将这些总结出来将对船舶界起到引领作用。我也希望把张院士的精神世世代代传承下去，希望涌现更多的像张院士那样的总设计师。

"科学"号投入使用，成为我国深远海重大基础科学研究与探测的支撑平台与共享平台，它作为我国未来10—20年海洋科学考察的旗舰船，将显著提升我国海洋综合探测能力与研究水平，为开展远洋综合科学考察研究提供强有力的能力支撑。

7

大洋上的『千里眼』『顺风耳』

- 远洋电子侦察船

一片丹心向阳红
——舰船工程专家张炳炎的故事

远洋电子侦察船

电子侦察船是用于电子技术侦察的海军勤务舰船。装备有各种频段的无线电接收机、雷达接收机、侦察声呐、光学侦察器材和终端解调机、记录设备、信号分析仪器及多种接收天线等，有的还装有电子干扰设备。其主要任务是接收并记录无线电通信、雷达和武器控制系统等电子设备发射的电磁波信号，查明这些电子设备的技术参数和战术性能，获取对方的无线电通信和雷达配系等军事情报，能较长时间在海洋上对港岸目标或海上舰船实施电子侦察。

20 世纪 60 年代末，美国和苏联拥有电子侦察船近百艘。苏联专门设计的"滨海"级侦察船满载排水量 5000 吨，续航力 1 万海里。从几次近代规模较大的现代化战争中可以看到，电子对抗在现代化战争中不仅是不可避免的，而且具有极为重要的作用，从某种意义上讲，也可以说是决定战争胜负的关键。苏美两国非常重视电子侦察船的研制工作。从英国公开出版的詹氏舰船年鉴等资料上可以看到，苏美不断以新的电子侦察船来充实扩大其海军的电子侦察船队。苏联海军经常保持多艘电子侦察船在各大洋活动，定期轮换。美国自 70 年代以后，主要用飞机实施侦察，必要时发射卫星进行侦察，与电子侦察船形成立体侦察体系，同时还进一步发展建造了水声侦察船。70 年代初，我国海军还没有一艘从真正意义上讲具有现代化水平的电子侦察船，急需研制新型的电子侦察船。

1976 年 10 月，根据国务院、中央军委批准的电子对抗和雷达管理领导小组《关于电子对抗雷达发展方针和主要任务的建议》，确定研制新型电子侦察船，由张炳炎担任总设计师。该船装有光学、声学、雷达、无线电通信四大侦察系统，并装有先进的气象卫星接收、卫星导航组合等系统，它是中国自行设计建造和配套设备全部国产的第一艘远洋电子侦察船。船体结构按中国钢质海船建造规范的 B 级冰区加强设计，稳性满足中国海船稳性规范对 I 类航区的要求且满足 12 级风（风速 53 米／秒）能力。

张炳炎及设计团队在研制中克服了重重困难，解决了原线型裸体阻力大影响船的快速性问题、特殊的球鼻首制造、安装和下水的矛盾、KL05/A 型调距浆装置配套试验的攻关、总配电板制作等技术难题。

813 远洋电子技术侦察船

在张炳炎及设计团队的共同努力下，新研制的电子技术侦察船具有明显的技术优势：

一是线型阻力性能优秀。尽管由于安装了特殊的球鼻首，影响了船的快速性和经济性，但通过对船艄线型的合理修改，大大降低了船的阻力，提高了船的快速性。这个船的线型在以后很多船上都被推广使用，我国第一艘远洋航海训练船"郑和号"的线型也是以其为母型船按比例展开的。由于本船的线型优秀，使得船的阻力明显减小。

二是经济性高。本船采用可调距桨，虽效率比定距桨低，但航行速度比同型船要高得多。

三是战术性强。由于航速的提高与油耗的降低，所装载燃油量（1332 吨）使船的战术迴转半径和续航力明显增加。

四是机动灵活性强。使用可调距的变距和主机转速的相互可调，使本船的航速变化范围大大增加，可以在 6～19.25 节任意变换，而且倒正车变换快，操纵方便，大大提高了船的机动灵活性，保证了船的特殊需要。

五是通过采取合理的取舍措施，既保证了船体的性能，又使大型声呐设备具有良好的使用效果。

六是船上装有多种精密电子设备，对船的振动、噪音及舱室温、湿度以及抗电子干扰都提出了很高的要求。张炳炎和设计团队预先采取一些措施，如在线型修改时注意增大叶桨与船体的间隙，在船体结构设计中适当调整板架的局部刚性等，圆满达到了振动小、噪音低、防电子干扰性能强，保障了全部电子设备的良好使用性能。

七是在总体设计中，根据人—机—环境的要求，结合本船在海上长期执

一片丹心向阳红
——舰船工程专家张炳炎的故事

行任务的特点，经过精心设计、精心布置，使本船具有良好的适居性，对于保持船员在海上长期保持充沛的精力提供了有力的保证，得到了船员和有关部门的一致好评。

该船于1982年9—10月试航，1982年12月交船，1983年下半年交付部队。使用部门进行了专业试航、远航试侦、多次远航执行侦察任务，获取了一大批有重要价值的电子技术情报，圆满完成了上级交给的各项任务。电子侦察船得到有关部门一致好评，被公认为是一艘投资较少、实用性较强的优良专用船。

8

平战结合的国防动员船

- "世昌"号出航

一片丹心向阳红
——舰船工程专家张炳炎的故事

"世昌"号出航

1989年，海军组织征文，张炳炎撰写了《民用船舶改直升机母舰的可行性及其在南沙斗争中的作用》一文，文中建议"将滚装船改直升机登陆舰和'向阳红10'号远洋调查船改直升机母舰兼指挥舰"，并提出"船的改装工作有两种基本形式可供选择：一是固定式，二是活动式。固定式适用于民船永久性改为正式军舰，改装后的系统和完整性较好，这种改装船厂工作量较大；活动式则适用于平战结合，即战时可很快投入军事行动，平时又能很快恢复原来船的功能。鉴于现在的种种情况，建议直升机母舰的改装基本采用活动式，将加装的设备和舱室尽可能地做成便于拆装的集装箱模块，如生活模块、通信和导航模块等"。

根据海军急需和探索新时期军民结合、平战结合及应付未来战争的民船动员改装途径和办法，1992年国务院、中央军委批准国家计委、财政部、总参谋部《关于建造一艘直升机训练舰》的请求报告。七〇八研究所任命张炳炎为总设计师。

直升机训练舰具有多种功能和特点。一可用于直升机训练，可携带多架超黄蜂和海豚型直升机或多架卡-28型直升机在海上进行飞行训练。二可用于航海训练，该船的居住生活舱室满足250名实习人员（含教员50人）的航海训练需要，并设有两个海图作业教室供航海教学之用，也可用于医疗救护训练。三可用于货物运输，可承担集装箱和滚装货物运输以及兵员运输任务。四可用于国防动员演练，提供预备役人员参加多项演练的一切必要条件，如作战物资和车辆或人员的转运以及航海实习等。五可综合使用，将各基本功能的一部分排列组合，组成各种综合功能，如部分直升机编队和部分医疗救护人员上船组成直升机医疗救护训练，又如部分货物运输部分直升机编队成海上货物补给训练等。

直升机训练舰在研发设计中遇到了限价设计、军民结合、平战结合等问题，但经过张炳炎及设计团队的共同努力，都一一得到解决。

该船研制具有很强的探索性，原以船舶硬件为主、软课题"民船动员改装途径和办法的探索研究"为辅。随着工作的进展，逐步演变为软硬并举，以船舶和模块硬件的试验试制支撑软课题研究。该船线型主附体优化及阻力推进试验做了三型船艏和二型船艉及改进型双尾鳍的变换组合研究试验，取得了变换船艏降低总阻力3.2%～3.7%、变换艉型提高推进效率4.3%～10.6%、降低总推进功率4.5%～10.6%的优良效果，使双尾鳍的节能效果达到20世纪90年代国际先进水平（节能5%～20%）。

同时开展阻力、推进和自航等模型试验，并进行大、中、小三个对称和不对称球艉的变换试验及其自航试验，选择其中一个阻力和推进效率综合性能最好的球艉线型（节能约达6%）用于实船，从而保证了实船优良的快速性能。开展耐波性船模试验和三个不同面积参数的舭龙骨效果试验，所测得的各种运动参数，均满足战术技术指标书的规定和要求。

该船用集装箱模块化通用技术样件和样箱试验做了两个样箱和各种连接件的实样试制、装配以及试验和改进等工作，为顺利完成舰载直升机系统模块化和医疗模块系统的研制奠定了可靠基础。模块化舰载直升机系统研制了由4个40英尺和9个20英尺集装箱模块组成的包括塔台、通信导航、飞行准备、启动电源与充放配电板、喷气燃料油系统、消防灭火和航材库模块等以及可停放两架"直九"型直升机的机库和组合式系留装置等完整的舰载直升机系统。经产品试验验收、陆上系统联调和海上专项试验，于1997年通过科研项目鉴定。

该船的研制成功，既解决了海军装备的急需，又探索到了一条适合我国国情和现代战争特点的民船国防动员改装的路子和具体操作办法，即利用民用集装箱运输船+集装箱功能模块系统在短时间内将运输船转化为所需要的各种用途的舰船。这种办法符合舰船技术和运输系统发展方向，并具有操作简便、节省经费、行动隐蔽、反应迅速和便于功能转换等特点。

由张炳炎主持设计的直升机训练舰

以民族英雄邓世昌名字命名为"世昌"号综合训练船，该舰于1989

年开始预研，1996年完成建造，1996年12月28日服役，是我国唯一一艘具有平战结合功能的万吨级多功能国防动员训练船，隶属于大连舰艇学院管辖。经试航实测数据证明，各项指标均达到或超过了战术技术任务书和研究任务的规定和要求，尤为突出的是该船的操纵性和快速性。该船的全速满舵回转直径试航实测数为2.77～2.97倍船长，大大优于研制任务书规定的4倍船长。"世昌"号船平时具有学员实习、直升机训练、医疗救护训练、国防动员演练和集装箱运输的功能，战时具有国防动员、海上救护等功能，在我国国防动员史上具有里程碑的意义。

求新造船厂和海军驻厂军代表室在该船下水的《0891A建造简报》中评价："该船是平战结合、多功能新型军辅船，它的下水标志着我国人民军队在'两个根本性转变'的新时期，创出了和平时期军辅船建造的一种新模式。"

大连舰艇学院海军训练支队教练舰长王炜接受采访时说：

> 张院士是我在1996年接82舰时相识的，结识张院士也是我们的荣幸，从接触中感到张院士为人豪爽、平易近人、和蔼可亲，对工作非常严谨，做事胆大心细。给我印象最深的是在接舰以及82舰服役试航后，他来到82舰了解实际使用情况，深入到舰的各个战位，广泛听取舰员意见，了解该舰各个功能的发挥情况。……例如电磁兼容问题。因为舰上有许多电子设备，互相之间产生干扰，张院士上舰后，我们向他反映了这个问题，他仔细查看了各个部位情况，为了解决问题，他不顾自己年纪大，不辞辛劳地跑上跑下，82舰最高层是罗经甲板，上下有九层高，年轻人上下跑两次已很吃力了，何况他这位老同志……他认真的工作态度和严谨的工作作风给我们留下深刻印象，我们要向张院士学习，学习他兢兢业业、工作认真负责的态度。

该舰自服役以来，经多次长时间海上训练和远洋长距离连续航行考验，代表人民海军访问了澳大利亚、新西兰等国家，完成了大量学员的实习、卫勤演练、国防动员、集装箱运输和直升机训练任务。尤其是1998年夏天，国家经济动员办公室发布动员令，启动"世昌"舰医疗模块，组织陆上野战医院投入嫩江抢险救灾第一线，共诊治10000余人次，发挥了抗洪救灾防疫生力军的作用。这是新中国成立以来第一次启动国民经济动员机制支援抗洪救灾，也是我国军地联合、陆海联合的第一次国民经济动员，受到了中央领导和社会各界的高度评价和赞扬。

2009年，张炳炎根据上述研制成果，编写了《民船国防动员技术途径探索与实践》一书。全书结合国内外民船战时动员的经验，提出了"固定式"加"模块化"改装的具有经济、快捷和轻便等特点的民船战时动员新模式。

此前，"郑和"号远洋航海训练舰的服役结束了我军院校学员无实习舰的历史，那么"世昌"舰的服役则标志着我国无平战结合的国防动员舰历史宣告结束。自1996年12月28日服役以来，"世昌"舰先后圆满完成了上级赋予的海上实习训练、医疗救护训练、国防动员训练、战备物资运输、科学实验、出国访问、抢险救灾等任务。在服役10年中，"世昌"舰累计航行1.5万小时，航程近20万海里，航迹遍布两大洲20多个海区，是人民海军大型军舰中在航率最高的舰船。该船1999年荣获中国船舶工业总公司科学进步奖二等奖。

一片丹心向阳红
——舰船工程专家张炳炎的故事

后 记

  一个人的成长并取得成就除本身努力外，还有其他因素。每一个科学家都有自己不同他人的成长历程。但在历史长河中，每个人的成长又都与整个社会发展密不可分，他们的成果与他们所处的时代背景、人生追求密切相关。
  张炳炎童年是在战火纷飞的年代中度过的，艰苦的环境锻炼了他的意志，给他留下许多不可磨灭的记忆。他经历了改革开放前后两个不同阶段，见证了中国的不断强大和船舶工业及海军装备的快速发展，在这个过程中他勤奋学习、刻苦钻研、认真工作，当机遇来时他勇挑重担，结出硕果。

苦难不惧　富贵不淫

  张炳炎的童年和少年是在战争环境中度过的，残酷的战争造就了他不惧艰难而磨砺出坚忍顽强的性格，更为难得的是张炳炎并没有因为自己出生革命干部家庭，而不求上进、不思进取，而是牢记父辈和自己为革命胜利而付出的代价鞭策自己，在舰船设计战线上认真学习、刻苦钻研、努力奋斗。

胸怀祖国　实现理想

  信念是一个人世界观、人生观、价值观的高度凝聚和集中体现。信念是做人的底气、做事的动力，是通向理想彼岸的航标和航帆。张炳炎青年时期就把心怀祖国、勤奋学习、为国争光作为自己的行为准则和把握的尺度。他在《祖国，我心中永恒的灯塔》一文中写道：我的身心无不同船联系在一起，在人生航程中，祖国是我心中永恒的灯塔，照亮我前进的方向，无论遇到何种情况，只要心怀祖国，想到国家的需要，就不会迷失方向，就会有信心、有希望，也就有勇气和意志顶住任何压力和战胜任何艰难险阻。正是这种胸怀祖国、建设祖国的远大理想，支撑他一生为国造船、为国争光的事业，把造船融入他的整个生命，实现了他人生价值的不懈追求，成为他终生为之奋斗的信念。他以实际行动和取得的成就实现了自己的理想。

运用哲学　求真务实

张炳炎曾说："搞自然科学的，也要学点社会科学，特别是哲学。"一条船的研究设计是个系统工程，充满矛盾，五十多年来，张炳炎用哲学思想妥善处理船舶科研设计过程中人与人、个人与团队、有形与无形、偶然与必然、动力与压力、机遇与挑战、风险与创新、先进性与现实性、先进性与经济性、设计与建造可行性等之间的矛盾。

他认为压力在工作中是常见的，在同样的工作压力下，如果对待压力的态度不同，其结果和产生的作用就完全不同，压力促进奋进，所以在研究设计中坚持高标准、严要求，把设计工作中的困难变为强大动力。

他还说经验无论是自己的还是别人的，都是在过去具体时间、地点和条件下完成过程中所获得的知识。在科技迅猛发展的当今世界，无论过去的经验多么"先进"和如何"宝贵"，如不同科技进步和当时、当地的具体情况相结合，而是照搬照套，所得到的最好结果也只能停留在过去水平上，有的甚至更差。

正是张炳炎所具有的哲学和哲学境界，使他能够始终站在科学的高地，把握全局、前瞻未来、统筹兼顾、探索规律，用哲学意识、哲学思想和智慧创造多项国内舰船设计中的第一。

立足创新　敢于超越

"大胆设想、周密思考、仔细求证、敢走自己的道路、敢为天下先、敢于承担风险"，这是张炳炎的设计理念，也是他半个多世纪工作实践的总结。他说："创新是一个民族的灵魂，是国家兴旺发达的不竭动力。一条舰船不自

一片丹心向阳红
——舰船工程专家张炳炎的故事

主创新、不增加科技含量、一味靠技术引进，就永远难以摆脱落后的局面。一个没有创新能力的民族，难以屹立于世界先进民族之林。一个没有创新能力的企业，难以持续发展。"

在船舶研究设计中，他特别强调超前意识，"超前意识很重要，应大力提升，否则很难把我国造船业提升到世界一流造船强国。"在"中国海监83"船的设计中，按民用船舶设计规范，一般都是采用前、中、后三桅船型才能满足国际海上避碰规则有关航行灯的规定和要求，但是高大的后桅将对直升机的起降造成影响。张炳炎通过对传统船型进行彻底改造，不但完全满足了规范规则的规定和要求，而且为直升机的起降创造了良好条件。

尊重科学　勇于担当

张炳炎强调船舶设计要尊重科学，敢于承担风险。没有风险意识或不敢承担风险，是不会有作为的。

他说在工作中遇到一些技术难题，作为总设计师不想办法加以解决，又能推给谁呢？俗话说："我不下地狱，谁下地狱"，这促使他勇于创新、寻求解决问题的办法。

他说一条船的研制需要许多钱，一定要以对国家负责，对战士、船员负责的态度搞好研究设计和建造。几十年来，他主持研究设计的许多舰船都是国内首次，技术难度要求高、风险也大，但他常说："困难再多也要克服，办法总比困难多。"张炳炎院士的事业心、责任感、对工作的态度，给我们留下深刻的印象，甚至让我们在感怀之余，从他身上感悟出一种生活和工作的境界。他对工作的执着，让我们从中去品味什么叫对事业的责任、什么叫爱岗敬业。

把握机遇　施展才华

机遇是偶然的，但有其必然性，机遇和挑战并存，关键在自己。张炳炎刚参加工作时，由于国家经济困难，舰船科研设计任务不多，他就抓紧时间学习和到工厂配合施工建造，尽管工作很苦，但得到了锻炼。他说，没有这段经历，领导也不会选他去法国大西洋船厂监造"耀华"号，即使去了也没有能力承担。机遇就像成熟的果子，必然要从树上掉下来，但谁碰上坠落的那一瞬间是偶然的，如果早有准备，那机遇也可能是必然的。

随着国民经济的发展，船舶打入国际市场，为船舶科研设计人员开辟了广阔的新天地。他如鱼得水在更广阔的舞台上彰显才华、创造成就，做出了卓越贡献。

张炳炎传奇人生犹如浩瀚大海，有跌宕起伏的艰苦征程，有坚定的信仰，有不悔的追求，有筚路蓝缕、负重前行的甘苦艰辛，有建功立业、报效祖国的荣耀和辉煌。"天下之水，莫大于海；万川归之，不知何时止而不盈，尾闾泄之，不知何时已而不虚"正是对张炳炎院士五十余年舰船设计生涯的准确写照。

参考文献

［1］中共庆云县委党史研究室编著.《中共庆云地方史》第一卷［G］. 山东：［出版者不详］，2009.

［2］山东省庆云县史志办公室.《红色记忆》老干部回忆录资料选编［G］. 山东：［出版者不详］，2007.

［3］宁薇. 游击队里成长期的院士［M］. 辽宁：辽宁少年儿童出版社，1998.

［4］章智忠. 造船情结［M］安徽：安徽教育出版社，1997.

［5］张炳炎.《设计工作五十年》［G］. 上海：七〇八研究所建所六十周年文集选编，2010.

［6］张炳炎.《工作小结》［G］. 上海：七〇八研究所人力资源部.

［7］李士.《多谋善断 敢破敢立》［M］. 北京：科学普及出版社，2000.

［8］李梓溪，文妍妍.《用科技创新演绎蓝色神话》［J］.《创新中国》，2011（3月）. 北京：《创新中国》杂志社，2011.3. 总第 15 期.

［9］张炳炎.《经验文化现代化》［J］. 中国现代化研究论文集，2009，第七期：P24-P26［2014］.

［10］张炳炎."海洋六号"船人性化设计［J］.《中国工程科学》：2011年第13卷：P24-P28［2014］.

［11］张炳炎.《祖国，我心中永恒的灯塔》［D］. 上海：七〇八研究所，2012.

［12］张炳炎.《我国海洋调查船的现状与未来》［D］. 上海：七〇八研究所，2012.

［13］张炳炎.《设计工作五十年》［D］. 上海：七〇八研究所，2012.

［14］张炳炎.《机遇、压力、风险与创新》［D］. 上海：七〇八研究所，2012.

［15］张炳炎.《我国船舶工业的发展》［D］. 上海：七〇八研究所，2012.

［16］张炳炎.《我国造船业发展的回顾与展望》［D］. 上海：七〇八研究所，2012.

［17］张炳炎.《"向阳红10"号船的设计回顾》［D］.上海：七〇八研究所，2012.

［18］张炳炎.《新型海监船研发总结》［D］.上海：七〇八研究所，2012.

［19］张毅.《海上中国梦》［M］.上海：上海文艺出版社，2014.

［20］中国舰艇工业历史资料丛书编辑部.《七一八工程向阳红10号远洋调查船史料集》.1965-1988［G］.上海：［出版者不详］，1993年4月.

［21］张炳炎.《向阳红10号船的设计回顾》［D］.上海七〇八研究所，年份不详.

［22］汤东宁.《百名院士的青少年故事》下［M］.辽宁：辽宁少年儿童出版社，1998年10月.

［23］聂力.《发展国防尖端技术的一项重大决策》［D］.上海七〇八研究所，年份不详.

［24］船舶设计师编辑部.《船舶设计师要不断推陈出新》［J］.《船舶设计师》，2012（4月）.

［25］张炳炎，奚崇德.《敢字当头，开拓船舶科技创新》［J］.《船舶设计师》，2011（12月）.

［26］达世新.《未知海洋上的郑和传人》［M］.上海：上海文艺出版社，2006.

［27］张炳炎.《民船国防动员技术途径探索与实践》［D］.哈尔滨工程大学，年份不详.

［28］张炳炎.《大胆设想、周密思考、仔细求证》［D］.上海：七〇八研究所，2012.

［29］张炳炎.《船舶设计之我见》［D］.上海：七〇八研究所，2012.